LA PLEINE LUNE DES MUTANTS-GAROUS

VOTRE PASSEPEUR

POUR UN HORRIBLE CAUCHEMAR

LA PLEINE LUNE DES MUTANTS-GAROUS

Texte et illustrations
de
Richard Petit

Les presses d'or

Isbn : 1552250296.

Dépot légal 3e trimestre 1997.
Imprimé au Canada.
Bibliothèque nationale du Québec
Bibliothèque nationale du Canada

TOI!

Tu fais maintenant partie de la bande des
TÉMÉRAIRES DE L'HORREUR.

OUI! Et c'est TOI qui as le rôle principal dans ce livre où tu auras plus à faire que de tout simplement... LIRE. En effet, tu devras déterminer le dénouement de l'histoire en choisissant parmi les numéros suggérés afin, peut-être, d'éviter de basculer dans des pièges terribles ou de rencontrer des monstres horrifiants...

Aussi, au cours de ton aventure, lorsque tu feras face à certains dangers, tu auras à **TOURNER LES PAGES DU DESTIN...** ce qui consiste à faire glisser ton pouce sur le côté du livre en faisant tourner les feuilles rapidement pour t'arrêter au hasard sur une page et lire le sort qui t'est réservé.

Lorsqu'on te demandera de TOURNER LES PAGES DU DESTIN, tu choisiras, selon le cas, le pictogramme qui concerne l'événement, par exemple :

Si tu arrives devant une porte :

ce pictogramme  représente une porte verrouillée ;

celui-ci  représente une porte déverrouillée.

S'il y a des monstres :

ce pictogramme 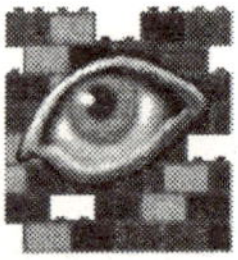 veut dire qu'ils t'ont vu ;

celui-ci  veut dire qu'ils ne t'ont pas vu.

Est-ce que tu as réussi à fuir?

Ce pictogramme  signifie que tu as réussi à fuir ;

celui-ci  signifie que tu as été attrapé.

Combien obtiens-tu avec le dé? (Voici les faces de un à six du dé.)

De plus, à certains moments de l'histoire, il te faudra jouer à des jeux sordides afin de poursuivre ton aventure.

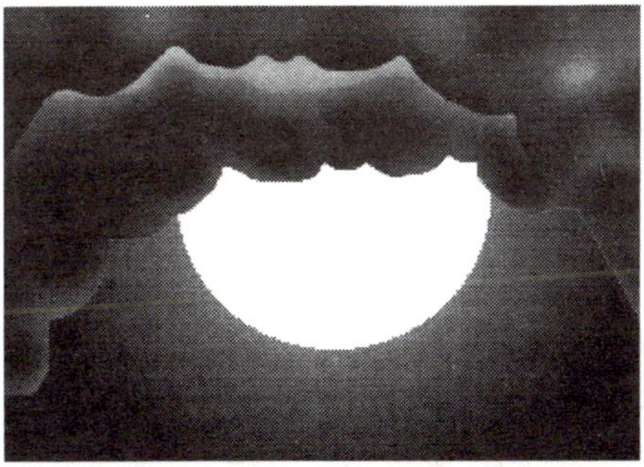

Et n'oublie pas, une seule finale te permet
de vraiment terminer le livre
La pleine lune des mutants-garous.

1

Vendredi soir, 21 h 14, les dernières lueurs du soleil à l'horizon s'évanouissent dans ce beau ciel orangé de juin sillonné de jolis petits cumulus touffus.

Les enfants se sont enfin endormis, emportant dans leur sommeil le tohu-bohu qui animait cette petite maison du 5530 de la rue Saint-Horrible. Comme elle le fait tous les soirs, Josée retrouve son émission de télé quotidienne pendant que son époux, Marc, affairé au téléphone, règle les derniers détails d'un tournoi de baseball auquel participe Benjamin, leur fils. Oui, cette journée ressemble à toutes les autres, et rien ne laisse présager qu'elle se terminera dans l'horreur. Hé oui! Car tout à coup...

«AAAAAAAAHH!

— CATHERINE!» s'écrie Josée, frappée par le cri d'épouvante de sa fille. Sans prendre le temps de s'excuser auprès de son interlocuteur, Marc laisse tomber le combiné du téléphone et s'élance vers la chambre. Soudain, le bruit sec d'un carreau de fenêtre qui vole en éclats déchire le silence et fait miroiter sur les murs du corridor la lueur verdâtre de la lune.

Au moment même où ils franchissent le seuil de la chambre, une espèce de petite bête poilue carrément dégoûtante traverse rapidement la pièce d'un bout à l'autre et s'enfuit par la fenêtre brisée dans un ricanement cruel : HIR! HIR! HIR!

Terrifiée à la vue de ce petit monstre et du désordre indescriptible qui règne dans la pièce, Josée se jette vers Catherine toute tremblotante, cachée sous ses couvertures.

QUELLE PAGAILLE!

Toute la chambre est sens dessus dessous. Les rideaux sont en lambeaux, les tiroirs du bureau ont été vidés et les morceaux de la lampe brisée traînent parmi les vêtements déchirés lancés sur le plancher. C'est incompréhensible, on dirait qu'une tornade est passée par là. Une tornade? Non... Mais quelque chose de bien pire. En effet, car personne n'a encore remarqué que dans la chambre de Catherine, les poupées et les oursons en peluche ONT TOUS DISPARU. Auraient-ils pris vie? Après tout, depuis quelque temps, il se passe des choses vraiment bizarres les soirs de pleine lune.

Non loin de là, à quelques pâtés de maison seulement, une vieille dame agacée par les aboiements du chien du voisin ouvre sa porte pour le faire taire. À peine a-t-elle mis le pied sur le balcon qu'elle est assaillie par d'effrayantes petites bêtes à la langue verte et fourchue comme celle d'un serpent. Les unes ressemblent à des poupées, les autres, à des oursons en peluche... ce sont DES MUTANTS-GAROUS!

Rends-toi au numéro 5.

2

Vous vous retrouvez près de la rue Pasdebonsang. Et comble de malheur... LES LAMPADAIRES NE FONCTIONNENT PAS!

BONG! BONG! BONG! BONG!

«Qu'est-ce que c'est que ce bruit? demande Marjorie en scrutant le brouillard.

BONG! BONG! BONG! BONG!

«SAPRISTI! ÇA SE RAPPROCHE», ajoute-t-elle les yeux agrandis de terreur.

À travers la brume, la raison de tout ce vacarme fait subitement irruption. DES BALLONS! DES BALLONS-VAMPIRES qui bondissent de partout. De toute évidence, ils ont senti votre présence. Faut-il avoir peur? Après tout, ils ne veulent que votre SANG... Entourés, vous n'avez pas d'autre choix que de tenter de fuir.

Mais pour savoir si ces ballons démoniaques vont réussir à vous attraper, TOURNE LES PAGES DU DESTIN.

S'ils t'attrapent, tends le cou jusqu'au numéro 16.
Et si, par chance, tu as réussi à fuir, GARDE TON SANG-FROID et cours jusqu'au numéro 20.

3

Vous balayez l'horizon du regard, il n'y a que des jouets à perte de vue. Des paquets, des tas, des collines, des montagnes de jouets brisés. Un frisson te parcourt le dos quand vous passez à côté d'un squelette de chat de gouttière qui était probablement venu chercher quelque chose à grignoter. Il a plutôt trouvé la mort.

«Je trouve cet endroit plus macabre qu'un vrai cimetière», confies-tu à tes amis, manifestement mal à l'aise eux aussi. D'étranges bruits semblent venir de toutes parts. Est-ce seulement le vent qui gémit sans relâche? Ou un quelconque fantôme de jouet sorti de son tombeau de plastique et sifflant la mort?

Vous cherchez plusieurs heures dans ce hideux paysage, inimaginable même dans le plus horrible de vos cauchemars. Vous avez beau marcher de plus en plus vite, vous avez toujours l'impression que vous n'avancez pas d'un pouce. Et maintenant, il se fait tard... Malheureusement très tard.

À l'endroit où le soleil se couche apparaissent subitement deux chemins. Comme si avant de disparaître à l'horizon, ils t'offraient une ultime chance de sortir de ce mauvais rêve.

Tu veux te risquer par celui de droite, pourtant sombre et incertain? Rendez-vous au numéro 37.

Pour explorer celui de gauche, marche jusqu'au numéro 2. En vous y rendant, évitez de vous faire écrabouiller par les avalanches de jouets si fréquentes dans cette partie du cimetière.

4

Oui, maintenant, il s'agit d'une partie, d'une partie de dés. Tu dois TOURNER LES PAGES DU DESTIN deux fois. La première fois pour la poupée-garou, et la deuxième fois pour toi.

Si ton coup de dé est supérieur à celui de la poupée-garou, cela veut dire que votre plan a fonctionné. Alors ***rends-toi au numéro 18.***

Si, par contre, ton coup de dé est inférieur à celui du petit monstre, ça n'a donc pas marché. ***Dans ce cas, tu dois te rendre au numéro 14.***

5

Au petit matin, la carcasse fumante d'une maison qui a brûlé et les débris de toutes sortes répandus dans la rue et sur le trottoir sont les signes évidents que, pendant la nuit, tout le quartier est tombé encore une fois sous le joug des petits monstres diaboliques. À la télé, on rapporte que des jouets se seraient transformés en petites bêtes répugnantes sous l'effet maléfique du halo verdâtre que la pleine lune arbore depuis quelque temps.

Dans la chambre de la petite Catherine, c'est la

confusion la plus complète. Avec ses parents, plantée devant sa bibliothèque, elle regarde, toute craintive, sur les tablettes. Tous les jouets qui avaient disparu lors de cette terrifiante soirée sont revenus à leur place respective, comme si quelqu'un les avait soigneusement replacé les uns après les autres. Eux aussi ont vu le reportage à la télé : et si c'était vrai, cette histoire de jouets qui, durant les nuits de pleine lune, prennent vie?

8 h 26. Tu es brutalement secoué et sorti du sommeil par tout le brouhaha occasionné par les travailleurs de la ville, affairés à nettoyer les dégâts. Un simple regard à la fenêtre te suffit pour comprendre ce qui s'est passé, car toi tu sais, depuis un certain temps, ce qui se passe les soirs de pleine lune. Comme tu ranges les jouets de ton petit frère sous clé, dans le placard, toute la maison est en sécurité.

Comme tous les week-ends, tu te rends au parc le samedi matin pour rejoindre les autres membres de la bande des TÉMÉRAIRES DE L'HORREUR : Jean-Christophe et Marjorie, que tu aperçois au loin en train de faire quelques paniers de basket pendant que leur chien Pythagore, un petit bichon blanc, fait des cercles en courant autour d'eux pour essayer d'attraper le ballon. Quand tu arrives à leur hauteur, le jeu fait place à une sérieuse discussion sur cet horrible cauchemar qui semble secouer tout le quartier.

«Comment se fait-il que de simple jouets d'enfants se transforment en petits monstres féroces? soulève Jean-Christophe ; certaines personnes disent même avoir vu des myriades de ballons cyclopes dévorer tout sur leur passage. Et ce n'est pas tout, poursuit-il ; cette nuit, mon baladeur s'est soudainement mis en marche de lui-même, sans raison. Il ne s'est arrêté qu'après avoir déroulé toute la bande magnétique sur le plancher.

— TON BALADEUR! s'écrie Marjorie ; moi c'est mon «ordi», renchérit-elle. À minuit précis, il s'est brusquement mis en marche. J'ai été incapable de l'éteindre, même en le débranchant. J'ai bien peur que cette terrible situation va en s'aggravant. Au début, il n'y avait que les jouets, mais cette diablerie semble maintenant gagner toutes sortes de machins.

— Je sais que la police prend très au sérieux toute cette affaire, leur mentionnes-tu ; d'ailleurs, une enquête a été instituée. C'est très inquiétant, cette histoire de poupées diaboliques et surtout cette curieuse rumeur sur l'existence d'un CIMETIÈRE DE JOUETS qu'on dit hanté par une espèce de gros monstre mutant qui, selon certains témoins, serait constitué d'un amalgame de vieux jouets jetés à la poubelle. Ce soir, c'est à nouveau la pleine lune. Il faut envisager le pire. Nous ne pouvons pas rester là à ne rien faire. Les Téméraires de l'horreur doivent entrer en action, ajoutes-tu en fronçant les sourcils, ET VITE...

— Je suis d'accord avec toi, il faut échafauder un plan, te répond Jean-Christophe. Mais par où devons-nous commencer?

— C'est assez simple. Quatre possibilités s'offrent à nous : tout d'abord, la police a mentionné quelque chose au sujet de l'existence possible d'un CIMETIÈRE DE JOUETS. Si ce cimetière existe vraiment, il devrait normalement se trouver près du dépotoir de la ville. Nous pourrions aussi jeter un coup d'oeil au magasin «JOUET-O-SAURE» d'où proviennent la plupart des jouets de la ville. Ou encore, on pourrait aussi attendre tout près de la maison ce soir que ces monstres se manifestent. Enfin, nous pourrions aussi tenter de leur tendre un piège dans ma chambre. À trois contre ces mutants-garous, nous aurions peut-être une chance d'en capturer un.»

Pour chercher du côté du dépotoir de la ville, va au numéro 8.

Pour te rendre au magasin «JOUET-O-SAURE», rends-toi au numéro 12.

Si tu préfères attendre que les mutants-garous se manifestent, trouve le numéro 10.

Tu veux leur tendre un piège? Cherche le numéro 54.

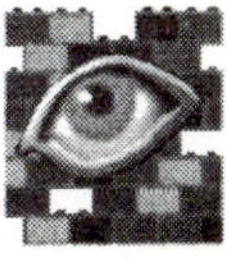

6

Vous saisissez le bloc numéro 3. En haut de l'escalier avec Jean-Christophe, tu tentes de l'emboîter, mais c'est en vain : ce n'est pas celui qu'il vous faut. À quelques mètres seulement de vous, les deux squelettes, ralentis par les boîtes vides, brandissent leurs armes dans votre direction en signe d'exaspération ; vous avez le temps d'aller chercher un autre bloc.

La chance est avec vous, pour le moment. Descendez l'escalier et retournez au numéro 67 afin de choisir un autre bloc...

7

La lune, bien accrochée tout en haut parmi les étoiles, répand sa lumière en créant dans ta chambre une forêt d'ombres lugubres. Toujours grimpée sur son piédestal, Marjorie attend la suite sans mot dire. «Bon, j'y vais!» leur dis-tu en prenant à deux mains ce qui te reste de courage.

Lentement, tu glisses en balançant ton corps sur le côté du lit jusqu'à ce que ta tête touche le tapis. Et là, avec une foudroyante soudaineté, tu soulèves la couverture et tu tombes nez à nez avec elle, la poupée-garou...

«ELLE EST LÀ! cries-tu en te rassoyant dans ton lit. Elle est complètement transformée, débites-tu rapidement. Maintenant, c'est une créature abominable. On dirait qu'elle n'a plus de tête et qu'elle a sur le ventre une gueule d'animal remplie d'incisives aiguisées comme des lames de rasoir.

— Du calme! IL FAUT SUIVRE NOTRE PLAN! Nous devons la capturer, vous rappelle Jean-Christophe, c'est la seule façon de prouver à la police leur existence.

— C'est une bonne idée, mais comment allons-nous procéder? s'enquiert Marjorie.

— Mon plan est assez simple, explique Jean-Christophe ; toi, Marjorie, tu prends le gant de baseball qui se trouve sur l'étagère et tu te places dans le coin près de la porte pendant que nous, avec ces bâtons de hockey, nous la forcerons à courir vers toi. Lorsqu'elle sera tout près de toi, **VLAN!** Tu l'attraperas avec ton gant.

— Et si j'ai trop peur, qu'est-ce que je fais? demande-t-elle, un peu paniquée.

— Fais comme au baseball, lui répond son frère Jean-Christophe. Lorsque tu joues, tu réussis à attraper presque toutes les balles qui sont frappées dans ta direction ; alors c'est simple, tu fais la même chose.

— Oui, mais, MONSIEUR LE STRATÈGE, vous semblez oublier un léger détail, s'empresse-t-elle d'ajouter, le visage teinté de désarroi. Au baseball... JE NE RISQUE PAS D'ÊTRE MORDUE PAR LA BALLE!

— Pour une fois, je suis d'accord avec ton frère, déclares-tu à Marjorie. S'il y a quelqu'un qui peut réussir ce coup-là, c'est toi. Il faut tenter le tout pour le tout, lui dis-tu en prenant les bâtons. Tout le monde est prêt? À 3, nous y allons tous ensemble : 1, 2,... 3, c'est parti!»

OUI, C'EST PARTI! Rends-toi au numéro 4.

8

Il est environ midi. Vous arrivez tous les trois à l'entrée du dépotoir de la ville. Vous traversez aisément la clôture qui l'entoure. Quelques chiens errants venus se nourrir apparaissent sur un des monticules de la décharge nouvellement formée par les camions à ordures.

«Ne prenons aucun risque, leur dis-tu. Écartons-nous et passons par là-bas, entre les buttes formées de vieux meubles brisés. Évitons ces chiens squelettiques et affamés. Ils ont l'air inoffensifs, mais en nous voyant, ils auraient peut-être le goût de se mettre quelque chose d'autre que des ordures sous la dent...

— Il faut faire vite! vous rappelle Jean-Christophe. Il faut sortir du dépotoir avant le coucher du soleil.»

Un peu plus loin, vous passez à pas mesurés dans une sorte de passage ou s'accumulent des réfrigérateurs et des cuisinières hors d'usage. «Ce chemin semble s'étirer sur des kilomètres, remarque Jean-Christophe, que la peur commence à gagner. Je n'aime pas du tout cela, ajoute-t-il en examinant au passage l'intérieur de chacun d'eux.

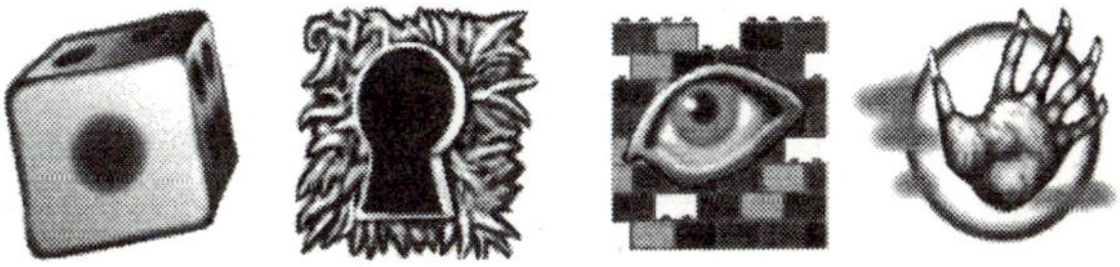

— Tu vois, moi, ça me laisse froide, soutient Marjorie. Réfrigérateurs... Froide... HA! HA! HA! Est-ce que tu saisis? demande-t-elle, sourire aux lèvres.

— Si tu crois que c'est vraiment le temps de dire des conneries, gronde son frère. J'ai vraiment la trouille, tu sauras, et je ne sais pas si tu l'as remarqué, mais nous sommes perdus.

— NON! nous ne le sommes pas, rétorques-tu. Nous l'avons trouvé...

— TROUVÉ QUOI? demande Jean-Christophe, impatient.

— LE CIMETIÈRE DES JOUETS. Regardez plus loin, des montagnes de jouets. Ce n'était pas un mythe, il existe vraiment...»

D'un pas résolu, vous marchez jusqu'au numéro 3, jusqu'à ce fameux cimetière...

9

Vous devez vous rendre à l'évidence. La poupée n'est plus sur le bureau où tu l'avais mise. Tu te tournes comme dans un rêve vers la fenêtre. Un sentiment de peur t'envahit à la vue de la lune bien ronde qui trône dans le ciel et qui baigne la chambre de sa lueur verdâtre.

Vous vous regardez tous les trois sans savoir quoi faire. La scène est plutôt saisissante. À un bout de la pièce, Marjorie, les cheveux dressés sur la tête, se tient debout immobile sur la chaise de ton pupitre, avec un livre dans les mains, prête à se défendre. Avec le reflet de la lune, ça lui donne un air de «statue de la liberté»... EN PYJAMA!

Dans le lit, étendus l'un à côté de l'autre, Jean-Christophe et toi tirez lentement sur la couverture pour vous couvrir, ne laissant que vos yeux pour scruter la pénombre de ta chambre.

«Y a-t-il un volontaire pour aller ouvrir la lumière, demandes-tu à voix basse.

— Pas question! s'exclame Marjorie de son piédestal. Je ne me suis jamais fait mordre par une poupée-garou, mais je suis sûre que ça fait mal. Alors vas-y toi même... De toute façon, je crois qu'elle est sortie de ta chambre?

Mais Marjorie a tort, car tout à coup, GRRRRRRR! un grondement se fait entendre... D'EN DESSOUS DU LIT.

«Sapristi, dites-moi que je dors et que je suis en train de faire le plus vilain des cauchemars, s'exclame Jean-Christophe en se cachant le visage derrière la couverture. Pourquoi faut-il que tous les monstres se cachent en dessous des lits? C'est toujours la même histoire. Dans les films d'horreur,

c'est pareil, les monstres se cachent toujours en dessous des lits des gens. Quelle manie!

— D'accord, j'ai compris, leur dis-tu. Je vais regarder moi-même.»

Par le grondement que la poupée-garou a fait un peu plus tôt, il est évident qu'elle se tapit dans l'ombre du lit. Le visage tranformé par une horrible grimace, tu te penches sur le côté pour regarder. Vas-tu l'apercevoir avant qu'elle ne fuie?

Pour le savoir, TOURNE LES PAGES DU DESTIN.

Si, en te glissant sur le côté, tu l'as aperçue, rends-toi au numéro 7.

Si, par contre, tu ne l'as pas vue, tu te retrouves au numéro 11.

10

20 h 46, le dernier filet de lumière du soleil s'estompe graduellement pour faire place au crépuscule. Assis tous les trois sur une couverture derrière un petit bosquet, vous attendez que les événements surviennent.

OUUUIIINNN! CHR-R-R-R-R!

— Est-ce que vous avez entendu? demande Jean-Christophe, devenu subitement blanc comme un drap. C'est sûrement une poupée-garou, ou un ballon-vampire ou pire... UN VÉLO-ZOMBI!

— Du calme, c'est seulement Frimousse, le chat de la voisine», lui dis-tu en regardant le matou évoluer à la façon d'un funambule sur le haut de la clôture.

Implacablement, l'effrayant manteau de la nuit vous enveloppe tous les trois de sa noirceur hostile... Soudain recouverte d'une brume malsaine et fantomatique, la cabane du jardin se met à bouger... **CHRAAC! CHRAAC!** «Vous avez vu? leur demandes-tu, tremblant de tous tes membres.

— Qu'est-ce que c'était? demande Marjorie sur ses gardes, les yeux bien rivés sur le petit bâtiment redevenu immobile.

— Le chat! C'était sûrement le chat, lui répond son frère Jean-Christophe en souhaitant avoir raison.

Tout à coup, les événements semblent se précipiter. Entre autres, au fond de la cour, comme dans un rêve, une minuscule silhouette s'avance vers vous ; c'est une petite marionnette toute blanche. Plus loin, de bien drôles de bruits surviennent brusquement de la rue d'à côté et attirent aussi ton attention. **BONG! BONG!**

BONG! Qu'est-ce que ça peut bien être?

Trois options s'offrent à toi maintenant. Tu peux aller examiner de plus près la cabane de jardin, au numéro 25. Ou encore, si tu veux aller au-devant de la petite marionnette, va au numéro 26. Enfin, si tu désires te rendre dans la rue voisine, cours au numéro 2.

Dans ta chambre, l'atmosphère est lourde. Le silence de cimetière qui y règne te glace le sang et immobilise de frayeur tes amis qui attendent tout crispés que tu regardes en dessous du lit. «Pourquoi faut-il que ce soit toujours moi qui me mette la tête dans la gueule du loup?» te demandes-tu en glissant tranquillement sur le ventre vers le côté du lit.

La gorge coincée, tu te penches DOU-CE-MENT en essayant tant bien que mal de garder ton équilibre. La tête à l'envers, tu soulèves lentement la couverture. Les yeux agrandis par la noirceur, tu scrutes minutieusement l'obscurité. Une vieille chaussette, un magazine sur la musique *rap*, deux cartes de baseball et... pas de poupée-garou.

«ELLE N'EST PLUS LÀ!»

Vous fouillez la chambre de fond en comble, sans rien trouver...

Vous vous retrouvez maintenant au numéro 14.

12

C'est lorsque vous êtes éveillés que vos pires cauchemars se réalisent. Donc faites attention! Car maintenant, vous l'êtes!

Le stationnement du magasin «JOUET-O-SAURE», habituellement bondé, est désert. Il n'y a pas une seule voiture. C'est de bien mauvais augure diront certains, mais il en faudra beaucoup plus pour décourager les Téméraires de l'horreur. À l'intérieur, l'éclairage ne fonctionne plus : il vous est donc très difficile de voir. Tout près d'une caisse enregistreuse, effondrée sur le comptoir, une préposée gît, inconsciente. Elle est très très pâle (on dirait quelle a été vidée de son sang)... Par qui ou par quoi?

Des bruits effrayants viennent soudainement à vos oreilles. **TOMP! ZZZZ! FRRRR!** Marjorie jette un rapide coup d'oeil circulaire. Rien en vue.

«Cela ne me dit rien qui vaille, lui chuchote Jean-Christophe, ça pourrait être un monstre quelconque, un de ces jouets devenu vampire. Même que ça pourrait être Sébastien, tu sais, celui qui essaie toujours de t'embrasser dans la cour de l'école.

— NON! crie Marjorie en se couvrant la bouche de la main.

   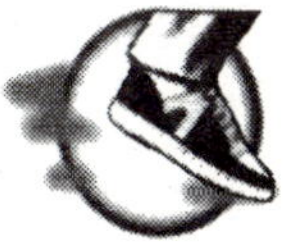

— Regardez! J'ai trouvé une lampe de poche en fouillant un présentoir, se félicite Jean-Christophe. Nous pouvons y aller...»

Deux sections du magasin vous sont accessibles :

Primo, l'allée dans laquelle se trouvent les toutous en peluche. Mais il faut être vigilant, car l'étrange bruit que vous avez entendu un peu plus tôt provenait probablement de ce coin-là. Si tu te sens assez brave pour y jeter un coup d'oeil, rends-toi au numéro 24.

Et secundo, la section des jeux vidéo. Très intéressante, sauf qu'il vous faudra passer par-dessus tout un fourbi de boîtes de jouets vides qui bloquent partiellement le passage. Dans ce cas-ci, joue à l'alpiniste et grimpe au numéro 19.

12

Il n'y a plus aucune trace des jouets-garous. Vous les avez semés, constatez-vous après une longue course effrénée. «Nous sommes vraiment perdus maintenant», souligne Marjorie en jetant un regard inquisiteur aux environs.

Engourdi par la peur et couvert de sueur, Jean-Christophe cherche une place pour s'asseoir. «Il s'en est fallu de peu, murmure-t-il, vous avez vu à quel point ils étaient dégoûtants? C'est donc vrai, ces jouets qui prennent vie les soirs de pleine lune?

interroge-t-il en prenant place sur un rocher. Qu'est-ce qu'on fait à présent?»

Tu hausses les épaules en considérant la situation un bon moment.

Soudain, pendant que vous reprenez tous les trois votre souffle, un étrange bruit de machinerie, semblable à un grondement de tonnerre, attire votre attention. **BRROOUM! BROUM!...** Tu ravales bruyamment ta salive.

Un peu plus loin, dans un antre sinistre, une armée de petits jouets de plastique s'affaire à activer une étrange machine de la dimension d'une grosse voiture. «REGARDEZ! D'AUTRES JOUETS-GAROUS...

— Qu'est-ce qu'ils font? À quoi peut bien leur servir cette machine bizarre? vous demande Marjorie. Regardez! C'est super-dégueu, elle est en partie fabriquée D'OSSEMENTS!»

Au moment où vous rebroussez chemin, le sol se dérobe sous vos pieds. **BRROOUCHCH!** Averties par le bruit, les petites figurines diaboliques se retournent. VOUS VERRONT-ELLES?

Pour le savoir, TOURNE LES PAGES DU DESTIN.

Si elles vous ont aperçus, rendez-vous au numéro 22.

Si, par chance, vous avez pu fuir sans qu'elles ne vous voient, allez au numéro 29.

14

Impossible de savoir par où elle est passée. Aussi invraisemblable que cela puisse paraître, elle a tout simplement disparu. La prochaine pleine lune aura lieu dans 28 jours. Pourquoi attendre presque un mois pour agir alors que cette nuit des jouets-garous vient à peine de débuter?

Retournez vite au numéro 5 et recommencez pendant qu'il en est encore temps...

15

Ce soir, les jouets-garous feront sans l'ombre d'un doute LEURS PREMIÈRES VICTIMES...

Le plus répugnant d'entre eux, une espèce de petit robot à demi velu et sans tête, s'élance sur toi et t'attrape le bras avec une de ses quatre langues rugueuses semblables à celle d'un serpent. Sa salive corrosive et vénéneuse te brûle la peau et te fait grimacer de douleur : TU ES PRIS!

Marjorie et Jean-Christophe, entourés de six de ces petits «MONSTRES À BATTERIES», ne peuvent plus fuir eux non plus. Blottis l'un contre l'autre, ils attendent tout comme toi la...

FIN

16

Vous détalez à toutes jambes, mais c'est inutile, ils vous rattrapent et... VOUS VIDENT DE VOTRE SANG.

BONG! BONG! CROUCH!

Qui croira que votre histoire s'est terminée entre les dents de... BALLONS-VAMPIRES? Non mais, SANG BLAGUE!

FIN

17

Une lumière aveuglante apparaît soudainement, accompagnée d'une tonalité qui vous est familière, COMME DANS LES JEUX VIDÉO!

FÉLICITATIONS! Sans le savoir, vous vous retrouvez dans un niveau de téléportation d'un jeu vidéo communément appelé WARP ZONE. Contrairement aux autres jouets, il n'a rien de dangereux ni de néfaste. Au contraire, vous êtes immédiatement transportés tous les trois au repaire du prince de tous les mutants-garous, au numéro 73. Vous y aurez la chance de terminer ce livre en héros et de vaincre la malédiction de La pleine lune des mutants-garous.

18

À la seconde où vous déposez vos bâtons de hockey par terre, le petit monstre, dans un rugissement strident, s'élance tel que prévu vers la sortie de la chambre où se trouve Marjorie, qui l'attend le gant bien ouvert.

YI-I-I-I-I-H!

C'est une vision cauchemardesque qui clopine à vive allure vers Marjorie. Oui, quelle horreur! Un corps de plastique parsemé de poils avec une bouche immonde bourrée de dents acérées et trois yeux jaunes et menaçants qui semblent briller dans la noirceur. La pleine lune a transformé cette inoffensive poupée en un hideux petit mutant à talons hauts.

Affolée, Marjorie ferme les yeux en espérant que la poupée-garou tombera d'elle-même dans le gant de baseball. Mais malheur! la terrifiante petite bête, ayant sans doute flairé le danger, s'arrête, bifurque, et se jette plutôt dans l'ouverture de la porte laissée malencontreusement entrouverte.

«SUIVONS-LA! leur cries-tu, nous ne devons pas la laisser nous échapper. ALLEZ! REMUEZ-VOUS!»

Dans le couloir tout près de ta chambre, la poupée grimpe sur une plante et accède à la fenêtre, puis elle s'arrête. Elle tourne la tête et vous fixe de ses trois petits yeux lumineux avant de se remettre à courir le long de la corniche de la maison.

En se servant de la gouttière, elle descend le long du mur et se faufile jusqu'au garage qui se trouve au numéro 21.

19

Après avoir escaladé l'amoncellement de boîtes vides, vous vous retrouvez maintenant dans la rangée des jeux vidéo. Il y règne un silence quasi surnaturel. Malgré le danger imminent, les nouvelles cassettes de jeux vous font oublier votre inquiétude.

«WOW! REGARDEZ... s'exclame Marjorie tout excitée, ils ont finalement reçu le jeu *HYPER MARIO 5* pour la console Zinzendo 128...

— SUPER! Attends que j'allume ma lampe, je veux voir, LAISSE-MOI VOIR! insiste Jean-Christophe en dirigeant le faisceau de sa lampe de poche vers les jeux.

Au moment où il balaie de sa lampe les tablettes, quelque chose d'étrange se produit : une affiche publicitaire annonçant la sortie prochaine d'un jeu de rôles *DONJON ET DÉMON* collée sur le mur opposé se met à frémir, à vibrer et à dégager une fumée âcre. **FRRRRRR!** Vous faites prudemment quelques pas en arrière. Deux squelettes dessinés sur l'affiche jaillissent hors de l'image et se matérialisent juste en face de vous...

«C'EST TA LAMPE!» lances-tu à Jean-Christophe, en lui montrant du doigt le cercle lumineux. Tu as fait, sans le savoir, UNE FAUSSE PLEINE LUNE qui a éveillé ces deux monstres de papier.

La confrontation est inévitable. Les mains glacées, le coeur qui bat la chamade, tu te rends au numéro 23.

20

Votre course effrénée au travers du brouillard fantomatique vous conduit à l'embouchure d'une ruelle que le crépuscule éclaire faiblement. Cachés tous les trois derrière le mur couvert de toiles d'araignées, vous contemplez avec une horreur non dissimulée les sinistres ballons-vampires qui sautillent frénétiquement sur le trottoir et repartent bredouilles chercher ailleurs d'autres victimes.

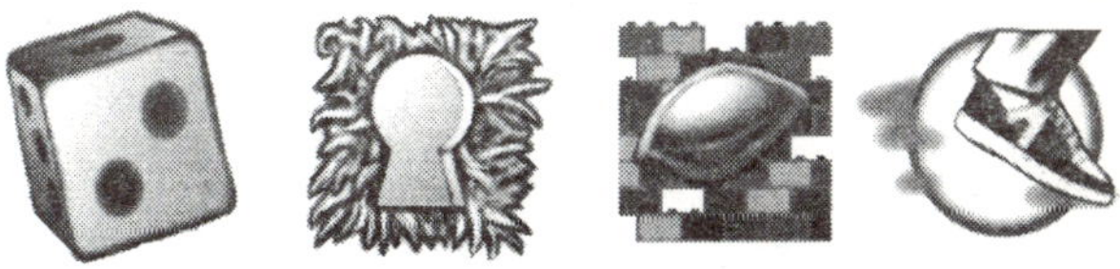

«OUF! Des ballons suceurs de sang? J'ai peine à y croire, lances-tu, essoufflé. Qu'est-ce qui nous attend encore cette nuit?»

Cette question ne reste pas longtemps sans réponse, car au bout de la ruelle un échiquier géant vous barre la route.

«Mais qu'est-ce que c'est cette fois-ci? demande Jean-Christophe, éberlué ; vous n'allez pas me dire que c'est un JEU D'ÉCHECS-GAROU?

— J'ai bien peur que oui, lui réponds-tu. Regardez! Si j'ai bien compris, nous devons mettre le pied sur la bonne case pour sortir d'ici, sans nous faire prendre par une des pièces du jeu, car cela serait fatal. Comme vous pouvez le voir, nous avons quatre possibilités.»

Pour choisir la case sur laquelle vous allez mettre le pied, rendez-vous à la page 88.

21

Rendus à l'extérieur, vous avancez à pas mesurés vers le garage laissé ouvert par ton père.

Un long chapelet de nuages danse dans le ciel et cache maintenant la lune. Sa lueur diffuse parvient à peine à éclairer l'entrée où se trouvent remisées les boîtes contenant le bric-à-brac pour votre prochaine vente de garage. Quel fouillis! Tu remarques tout à coup qu'une de ces boîtes a été renversée et vidée de son contenu. «SAPRISTI! C'est celle qui contenait nos vieux jouets, elle est ... VIDE! O-OH NO-NON! bégaies-tu, le visage déformé par une expression de terreur. La petite poupée-garou n'est plus seule maintenant, leur dis-tu en pointant du doigt la boîte vide. Celle-ci était pleine de jouets de toutes sortes, et il n'y en a maintenant plus un seul. De vieux oursons en peluche, des soldats de plastique, plusieurs ballons, des pistolets à eau et j'en passe. UNE ARMÉE DE JOUETS!»

Rendez-vous au numéro 35.

22

Les petits jouets de plastique vous ont bel et bien vus, et comme une meute de loups affamés, ils se lancent brusquement à votre poursuite.

Vous courez follement le long d'un chemin qui, plus loin, s'enfonce sous terre. Cet antre sous-terrain vous offre peut-être une ultime chance d'échapper à vos «mini tortionnaires».

«POURQUOI FUYONS-NOUS? s'écrie Jean-Christophe, ils sont si petits. À trois, nous pourrions

facilement en venir à bout...

— T'as pas les yeux en face des trous! lui réponds-tu ; si ces petits monstres démoniaques nous attrapent, ils nous jetteront sans doute dans leur «machine infernale». Et qui sait ce qu'il adviendra de nous, ajoutes-tu en arrivant à l'embouchure de la caverne.

— ON SE CACHE ICI!» ordonne Marjorie en sondant l'obscurité.

Mais à peine avez-vous fait quelques pas à l'intérieur que vous vous retrouvez arrêtés par une infranchissable rivière visqueuse constituée de pâte à modeler putride, de flaques de crayons de cire en ébullition et de gouache corrompue. BEURK ET DOUBLE BEURK!

Tandis que vous cherchez la meilleure façon de franchir cet insurmontable obstacle apparaissent sournoisement à l'entrée de la grotte, les uns à la suite des autres, une multitude de petits jouets-garous : VOUS ÊTES ENCERCLÉS!

Vous vous retrouvez au numéro 30.

23

Le bruit des os qui s'entrechoquent à chacun des pas de ces deux menaçants squelettes brise le lourd silence qui règne. Sous tes yeux ahuris, l'un des deux s'approche et, d'un coup de machette, t'égratigne le bras. Vous reculez encore...

«AÏE ! Il M'A COUPÉ, CET IDIOT DE SQUELETTE! hurles-tu, surpris. Faites attention, ces monstres ne sont plus faits de simple papier!»

Oui, comme leurs armes, CES SQUELETTES SONT BEL ET BIEN RÉELS... L'un est muni d'une machette tranchante et l'autre, d'une massue pourvue de pics rouillés. En quelques secondes, ils peuvent vous tailler en pièces. Avec un grondement semblable à un tremblement de terre, ils se ruent sur vous.

BROUUUM!

«OUAHHH! Qu'est-ce qu'on fait? demande Marjorie en zigzaguant avec peine entre les boîtes pour esquiver les coups de massue du squelette qui balance dangeureusement son arme de haut en bas.

— Tu sais conjuguer le verbe "fuir" à l'impératif présent, première personne du pluriel? lui demande son frère.

— FUYONS!

répond-elle sans trop comprendre.

— C'EST CELA! FUYONS!»

Après une difficile course à travers une multitude d'obstacles constitués de boîtes de jouets vides, vous arrivez à l'extrémité de la rangée ; le désordre est tel qu'il vous empêche de remarquer que vous vous engouffrez dans un cul-de-sac. Impossible de vous échapper maintenant. Tu tournes la tête : les deux squelettes de l'affiche arrivent en martelant le plancher de leurs armes.

BROUM! BROUM! BROUM!

Retrouvez-vous au numéro 67.

24

À pas prudents, vous pénétrez dans l'allée où se trouve «l'enclos des animaux en peluche», comme dit l'affiche du magasin. QUELLE PAGAILLE! Étagères renversées, boîtes de jouets déchirées, tout est à l'envers... En plus, l'obscurité dans laquelle vous êtes plongés n'a rien de bien rassurant.

«D'où vient le brouillard qui remplit l'intérieur du magasin?» te demandes-tu en suivant des yeux le faisceau de la lampe que Jean-Christophe promène de gauche à droite. Comme un phare le fait pour les navires, il guide votre marche dans le tas de détritus qui jonchent le plancher.

Soudain, trois silhouettes floues se dessinent dans l'obscurité : DES OURSONS-GAROUS!

Votre hypothèse était juste, cette folle histoire de jouets d'enfants transformés en horribles petites créatures malveillantes se vérifie. Toutes griffes dehors, ils se jettent sur vous. D'un bond agile, tu parviens à esquiver l'attaque d'un hideux petit ourson à la tête en forme de tentacule. Il revient aussitôt à la charge et, avec une rapidité inouïe, SE JOINT AUX AUTRES POUR ATTRAPER JEAN-CHRISTOPHE...

Aidé de Marjorie, tu leur lances tout ce qui te tombe sous la main, des ballons, des petits camions, des piles, avec une telle furie que les créatures fantomatiques doivent battre en retraite et abandonner leur proie.

SCRI-I-I-I-I-I-I!

Mais, comble de frayeur, après seulement quelques secondes de répit, ils reviennent à la charge. Et cette fois-ci, ils ont amené des renforts. Maintenant, c'est UNE MEUTE DE JOUETS-GAROUS qui vous attaquent!

Pour savoir s'ils vont vous attraper, tu dois TOURNER LES PAGES DU DESTIN.

Si vous avez réussi à fuir, courez jusqu'au numéro 40.
Mais si, par contre, ils vous ont attrapé, rendez-vous au numéro 32.

25

Même si la petite marionnette aux allures de pierrot vous semble inoffensive, vous faites par précaution quelques rapides enjambées afin de vous éloigner d'elle... À l'abri et bien cachés derrière la clôture du jardin, vous attendez la suite. Soudain, un léger craquement de brindilles survient et vous avertit que quelque chose d'autre s'approche. «C'est Frimousse qui revient par ici et il va passer tout près de la marionnette», remarque Marjorie...

Dans un premier temps, rien ne se passe. Puis, soudain, d'un bond agile et précis, la marionnette qui s'était tapie dans l'ombre de la voiture de ton père se jette sauvagement, toutes canines sorties, sur le cou du chat, faisant gicler partout le sang de la pauvre bête.

«C'EST UNE MARIONNETTE-VAMPIRE!» crie Jean-Christophe, paniqué.

OUI! Et sous vos yeux, le chat est complètement vidé de son sang. C'est vraiment horrible! Après avoir terminé son funeste repas, le monstre-jouet repart à la recherche d'une autre proie en lançant un cri si strident qu'il vous déchire presque les tympans.

HRUUIIII!

Dégoûtés, vous partez tous les trois vers la cabane du jardin au numéro 39 sans regarder en arrière.

26

La petite marionnette aux allures de pierrot continue d'avancer vers vous en lançant des sourires de son visage tout enfariné. Elle balance de gauche à droite sa minuscule main toute blanche.

«Je crois qu'elle nous fait signe, qu'elle veut nous parler, murmure Jean-Christophe ; allons-la voir.

— Oui, bonne idée, allons-la voir, répète Marjorie sur un ton moqueur. On pourrait peut-être lui demander de faire de la planche à roulettes avec nous! Et tu pourrais aussi lui conseiller de prendre ses vitamines le matin, de cette façon, elle ne serait pas si blême... Et quoi encore!

— MARJORIE, TAIS-TOI! Ton frère a peut-être raison, répliques-tu. C'est sans doute risqué, mais de cette façon, on pourra peut-être en savoir plus sur ce mystère des jouets qui prennent vie et qui sèment la pagaille les soirs de pleine lune...»

Allez rencontrer la marionnette au numéro 33.

27

Vous faites un brusque écart et vous vous enfuyez à toutes jambes. Sage décision, car la petite marionnette est loin d'être aussi inoffensive qu'elle en a l'air. Derrière vous, elle se transforme en une horrible marionnette-garou. C'est-à-dire qu'elle se mue en une masse gluante couverte d'écailles qui porte une tête semblable à celle d'un serpent. Une horreur pareille n'existe même pas dans les pires cauchemars. Et cette horrible bête ne laissera pas fuir son prochain repas si facilement, car elle se lance à votre poursuite...

«ELLE VA NOUS RATTRAPER! Nous n'avons pas d'autres solutions que de fuir par le sous-bois, leur cries-tu, en t'y dirigeant rondement.

— NON MAIS TU Y AS PENSÉ? Je ne veux pas me retrouver dans cette forêt d'arbres morts par ce soir de pleine lune, dit Jean-Christophe, que cette perspective ne semble pas enchanter du tout.

— Si tu préfères rester avec «MONSIEUR LE MONSTRE DÉGOULINANT», fais comme il te plaît. Je t'avoue que la forêt me fait peur à moi aussi, mais beaucoup moins que ce monstre qui s'approche de plus en plus, soit dit en passant...»

Vous vous engouffrez rapidement dans la forêt un peu à l'aveuglette. Après un bon moment, tu te rends compte que les cris du mutant-garou se sont tus. Vous avez réussi à le semer et vous vous arrêtez. Par ici, l'air est vraiment vicié, notes-tu. Partout flottent des odeurs épouvantables, comme s'il y avait un cimetière tout près.

Une brise soudaine pousse d'un seul coup l'épais brouillard qui recouvrait le sol. Sans que vous vous en rendiez compte, votre course folle vous a inopinément menée... AU CIMETIÈRE DES JOUETS!

Vous vous retrouvez au numéro 42.

28

Un silence de plomb suit votre dernière enjambée sur la case que vous pensiez inoffensive. Quelques secondes s'écoulent avant que la tour se mette à glisser lentement sur l'échiquier... lentement, VERS VOUS!

«LA TOUR! MARJORIE, TU AS OUBLIÉ LA TOUR, s'écrie Jean-Christophe, les pieds retenus au sol par une force magique.

— OUPS! Je... Je m'excuse, je crois que j'ai fait une petite erreur, avoue-t-elle, éberluée par une curieuse fumée blanche qui commence à s'échapper de la tour.

— UNE PETITE ERREUR! la grondes-tu. Quand on joue avec des pions qui mesurent plusieurs mètres et qui ont du poil et des dents comme celles des loups, on dit : UNE GROSSE ERREUR!»

Oui, en effet! Car l'étrange fumée prend subitement la forme d'un loup-garou horrifiant.

Vous êtes figés sur place, et le gigantesque monstre de vapeur verdâtre vous aspire un à un, avec sa langue gluante, dans son effroyable gueule jusqu'au numéro 41.

29

Tout doucement et avec beaucoup de chance, vous vous retirez sans être vus.

Le cliquetis macabre des os qui s'entrechoquent se fait à nouveau entendre lorsque les jouets-garous remettent en marche leur étrange machinerie. Vous dévalez la colline jusqu'à un curieux petit sentier qui, vous l'espérez, vous conduira hors du cimetière. Vous marchez sur le sol étrangement spongieux formé de lichen et de touffes rêches de mauvaises herbes.

«C'est bizarre, j'ai l'impression de marcher sur une moquette moelleuse, vous dit Jean-Christophe en soulevant les pieds très haut comme le font les soldats dans un défilé militaire.

— ARRÊTE! s'écrie Marjorie en mettant sa main sur la bouche de son frère. Entendez-vous?»

FRRRRR... Un curieux bruit de roulement se fait entendre... **FRRRRRR!**

«Encore! Mais qu'est-ce que c'est, cette fois-ci? lui demandes-tu en t'étirant le cou pour mieux voir. Pour

un cimetière, cet endroit est pas mal achalandé ; c'est loin d'être la mort ici...»

Rends-toi vite au numéro 47.

30

Les petits jouets-garous vous assaillent et vous attachent sur des planches à roulettes pour vous entraîner tous les trois vers leur ignoble repaire. Il vous est impossible de vous libérer. Quel triste sort peut bien vous attendre?

Hélas, ton intuition était bonne : dans quelques instants, les cruels petits monstres tireront les leviers et mettront en marche le moteur au bruit strident du tapis roulant, lequel te rapprochera de plus en plus de la bouche de leur machine, qui a plutôt l'apparence d'une gueule d'animal horrible. Un après l'autre, gobés par cet engin du diable, vous servirez d'exemple à tous ceux qui tenteront de profaner le CIMETIÈRE DE JOUETS.

Sous les regards presque humains des mutants-garous, tu t'engouffres dans l'orifice. Ton coeur bat à se rompre. Étranglé par la peur, tu perds peu à peu conscience...

Tu te réveilles, beaucoup plus tard, au numéro 48.

31

Quelle maladresse! Tu constates assez rapidement que vous avez commis une erreur, UNE TERRIBLE ERREUR... Ce n'est plus un jeu, maintenant, mais un cauchemar qui, d'une manière très fâcheuse, se réalise sous vos yeux.

Le fou s'approche, les bras dressés au-dessus de la tête, prêt à bondir bouche ouverte YAAAAAARG! De toute évidence, il s'agit d'un vampire assoiffé de sang. Impossible de fuir. Trois pions-zombis, gueule béante, vous barrent la route. Enfin, dans un coin de l'échiquier, attendant en se léchant les babines, un cavalier-garou guette sa proie : TOI!

Il est inutile de crier, les mutants-garous feront d'autres victimes ce soir. Vous êtes pris! ÉCHEC ET MORT!

FIN

32

MAL JOUÉ! Quand tu tentes de reculer, tes pieds dérapent et vous tombez tous les trois à la renverse. Les hideux et effrayants oursons-garous sortent du brouillard et viennent vers vous. Vous rampez sur le sol en priant le ciel qu'aucun de ces monstres ne vous attrape, car il vous infligerait des morsures atroces.

«LÀ-BAS! vous crie Marjorie en montrant d'un signe de la tête une maisonnette de jardin pour enfants. Allons nous cacher à l'intérieur.»

Aplatis sur le ventre, vous rampez jusqu'à la structure de plastique. À peine en avez-vous franchi le seuil que vous tombez tous les trois dans un long tunnel sombre et visqueux. Au moment où vous vous engouffrez vers l'inconnu, la porte se referme sur vous comme une ignoble mâchoire. Tu comprends malheureusement trop tard que vous vous êtes jetés à l'aveuglette dans la gueule d'un «MONSTRE-MAISONNETTE».

Pour toi et tes amis, c'est LA FIN! Difficile à DIGÉRER, n'est-ce pas?

22

Plus la petite marionnette s'approche et plus tu as peur. Tu te demandes maintenant si vous n'auriez pas mieux fait de suivre les conseils de Marjorie ; après tout, c'est la pleine lune et peut-être que ce jouet n'est pas aussi inoffensif qu'il en a l'air. Mais il est maintenant un peu trop tard pour revenir en arrière, alors tu essaies de conserver ton calme.

Arrivée à votre hauteur, la petite marionnette de chiffon s'arrête et se met à parler. Fascinés, vous écoutez sans broncher. Ce qu'elle vous raconte est épouvantable. Selon elle, une meute de petits monstres mutants auraient emmené un peu plus tôt la petite Catherine... AU CIMETIÈRE DE JOUETS! Elle sollicite votre aide pour la libérer.

Pour la sauver des griffes de ces montres, il faut agir vite. Mais un doute te vient à l'esprit : devons-nous lui faire confiance? Ça pourrait être un piège... Après tout, cette marionnette est peut-être aussi... UN MUTANT-GAROU DÉMONIAQUE...

Si tu décides de lui faire confiance, suivez-la jusqu'au cimetière de jouets, au numéro 43.

Mais si elle n'a réussi qu'à éveiller en toi un sentiment de méfiance, fuyez jusqu'au numéro 27.

24

Une enjambée, et vous vous retrouvez tous les trois sur la case qui, vous l'espérez, est sans danger.

«Nous avons choisi la bonne, je vous dis, j'ai toujours été persuadée que j'avais un certain talent aux échecs», lance Marjorie, le visage triomphant, tout en gardant les yeux bien rivés sur les pions-garous immobiles sur l'échiquier.

Au même moment, au bout de la ruelle...

YI-I-I-I-I-I-I-H-H!

— Chut! dit Jean-Christophe à mi-voix. J'entends des cris provenant de la rue Belle-Mort, ajoute-t-il en étirant le cou pour mieux entendre.

— Qu'est-ce qui se passe? demandes-tu. Les gens semblent affolés et courent dans toutes les directions... On dirait qu'ils sont pourchassés.

— NON! Ce n'est pas possible, s'écrie Jean-Christophe, pris de peur. Ils sont poursuivis par des mutants!»

Oui, des animaux en peluche, des oursons-garous, des girafes-vampires, des trottinettes-zombis. Tous des jouets transformés en monstres par la pleine lune. Et juste devant l'embouchure de la ruelle, sous vos yeux, quatre de ces répugnantes créatures se jettent sur un homme.

«Par le parc! Il faut fuir par le parc, c'est no-notre seule ch-chance», bégaies-tu en te dirigeant au numéro 55.

35

De la pénombre du garage, plusieurs petites silhouettes d'allure repoussante sautent et gambadent d'une boîte à l'autre.

«AU DIABLE NOTRE PLAN! s'écrie Jean-

Christophe. Il faut partir d'ici au plus vite», s'empresse-t-il d'ajouter d'une voix étranglée. Mais en tournant les talons, il heurte par mégarde une des poubelles qui se renverse avec fracas **BANG! BROUMM!** Des dizaines de yeux s'ouvrent subitement dans l'obscurité. Comme si quelqu'un avait allumé une ribambelle de petites lumières de Noël multicolores.

À peine avez-vous reculé de quelques pas que deux de ces jouets-monstres s'élancent vers vous. Le plus grand est une espèce d'ourson en peluche difforme muni à la place de la tête d'un répugnant tentacule avec lequel il fouette l'air. Le petit, tout aussi dégoûtant, ressemble à une grosse chique de gomme puante où s'agglutinent des mouches.

«POUAH! fait Jean-Christophe en se pinçant le nez. Ça sent la vieille litière de chat...»

Tandis que vous faites tous les trois un pas en direction de la maison, l'ourson-garou secoue vigoureusement son tentacule en vaporisant, à la façon d'un arrosoir de jardin, un liquide rougeâtre que Marjorie évite de justesse. Ta bicyclette arrosée par ce liquide corrosif se met à fondre jusqu'à devenir une masse de ferraille en ébullition. «SAPRISTI! ce monstre crache de l'acide», leur cries-tu avec une grimace épouvantée.

Courez jusqu'au numéro 89.

36

Au moment où tu te retournes pour continuer ton chemin, **SWOUCH!** *un léger bruit survient et semble provenir du comptoir. QUELQUE CHOSE A BOUGÉ! Si tu trouves, sur cette image, le mutant-garou qui a changé de place, tu pourras fuir jusqu'au numéro 85. Mais si, par contre, tu n'en as aucune idée, tu devras te rendre au numéro 61. Mais auparavant, fais tes prières...*

37

Plus vous avancez et plus le soleil s'enfonce, jusqu'à disparaître complètement. Ses derniers rayons irradient le ciel bleu, lequel se fond peu à peu au noir, un noir des plus obscurs. Une brise malodorante transporte le brouillard qui fait soudain son apparition.

Ce chemin vous mène dans un endroit d'allure vraiment hostile. Les amoncellements de jouets brisés vous empêchent de voir ce qui s'étend à l'horizon. Cependant, des feux allumés jettent des éclats scintillants de l'autre côté d'une énorme butte.

«Allons-y! Nous devons gravir cette colline pour voir de quoi il s'agit, leur dis-tu en entamant son ascension. Une fois tout en haut, nous pourrons voir. Il commence à faire noir : il faut vite nous rendre de l'autre côté.»

Arrivés au sommet, vous découvrez une espèce de petite vallée éclairée par des torches plantées dans le sol. Qui habite ce lieu sinistre? Tout autour, de petites grottes semblent être le logis d'animaux quelconques. Un danger caché vous menace-t-il? Des rats peut-être? Marjorie se pince le nez pour ne pas respirer le mélange d'odeurs infectes.

Fouettant l'air de leurs ailes raides et sombres FLOP! FLOP! FLOP!, une nuée de chauves-souris survolent le cimetière et détournent votre attention de la vallée d'où surgit subitement la peuplade habitant dans les petites grottes : DES POUPÉES-GAROUS!

Sous votre regard horrifié, ELLES S'APPRÊTENT À VOUS ATTAQUER.

TOURNE LES PAGES DU DESTIN pour savoir si ces terrifiants jouets vont vous attraper.

S'ils vous attrapent, rendez-vous au numéro 15.

Si, par chance, vous avez réussi à fuir, allez jusqu'au numéro 13.

28

Le bloc que tu as choisi est très lourd. Vous devez vous relayer pour le monter tout en haut de l'escalier. Un cri perçant surgit tout à coup du fond du magasin : un cri qui hérisse tes cheveux et glace d'effroi tes amis.

YOOOUUUUUU!

«J'ai bien peur qu'il y ait d'autres monstres que ces deux "restes de table", déclare Jean-Christophe ; non, mais, vous avez entendu ce cri? Des "cordes à danser venimeuses", peut-être... Ou même des "oursons en peluche vampires", ou bien des "ballons de basket mangeurs de chair"...»

CLOC! fait le morceau en s'emboîtant. «Ça y est, il est en place, s'écrie Marjorie tout excitée. Mais il faut faire vite, car ces monstres arrivent ; ils sont juste en bas de la structure», ajoute-t-elle, le visage crispé par la peur.

Au moment où vous cherchez une façon de forcer la porte, la machette du squelette vient se planter dans le grillage du conduit de ventilation qui, miraculeusement, s'ouvre.

«ALLEZ-Y, GRIMPEZ VITE! hurles-tu tandis que les répugnants squelettes gravissent une à une les marches de la structure.

Dans le conduit, l'écho caverneux et lancinant de leurs hurlements de rage résonne pendant qu'accroupis vous avancez à tâtons jusqu'au numéro 49.

OOOUUUUUUU!

29

«Notre intuition était bonne, déclare Jean-Christophe, le visage tout en grimaces. Cette marionnette-vampire aurait pu s'attaquer à nous... Maintenant, je ne suis plus si sûr que ce soit une bonne idée d'aller voir près de la cabane du jardin!

— Peut-être qu'il y a d'autres créatures qui hantent ma cour, lui soulignes-tu les traits un peu tiré par la peur et l'inquiétude. Mais tant et aussi longtemps que tous ces petits monstres ne cesseront de se manifester, nous ne pourrons dormir que d'un oeil. Nous devons donc continuer...»

Au bord du petit chemin de pierre, tu peux déjà apercevoir quelques ombres épeurantes errer près de la cabane. Le danger est imminent. Les mains glacées de frayeur, tu t'arrêtes pour reconsidérer la situation. Mais il est déjà trop tard... Sous tes yeux, le cauchemar des jouets qui se métamorphosent en petits monstres infâmes se vérifie encore une fois. Quatre menaçantes poupées-garous aux mains et aux griffes démesurées surgissent du brouillard en se léchant les babines.

Ces créatures démentielles vont-elles t'attraper? Pour le savoir, TOURNE LES PAGES DU DESTIN.

Si les poupées-garous vous ont attrapés, rendez-vous au numéro 44.
Si, par chance, vous avez réussi à fuir, courez jusqu'au numéro 53.

40

Après cette folle course, vous voici au rayon de l'équipement sportif. Épiant l'allée centrale du magasin, Jean-Christophe regarde, exaspéré, les trois oursons-garous toujours à votre poursuite.

«Non, c'est pas possible, pas moyen de les semer! grogne-t-il, tout dépité. C'en est fait de nous, nous ne pourrons pas leur échapper, ils vont sans aucun doute nous dévorer...

— Ah! ces p'tits monstres ont faim? lance Marjorie. Trouvez-moi un téléphone, je vais passer une commande au resto "Chez Bobo Estomaco". Une ÉNORME pizza avec toutes les garnitures et triple fromage. Vous allez voir, ils n'y survivront pas...

— Cesse de dire des conneries, lui réponds-tu. À moins que tu trouves une façon de te rendre IMMANGEABLE, tu vas probablement finir comme nous, c'est-à-dire entre leurs dents pointues...

— On me dit souvent que je suis détestable, mais jamais que je suis immangeable. Peut-être que si je me concentre très fort, je pourrais réussir...»

Tu te retrouves maintenant au numéro 45.

41

Vous vous retrouvez dans un nébuleux escalier en colimaçon. Les murs de vieilles pierres dépourvues de fenêtre laissent suinter un curieux liquide lumineux qui éclaire faiblement les marches.

«Dites-moi que nous ne sommes pas dans son estomac? s'enquiert Marjorie, qui a toujours les yeux fermés tant elle a peur.

— Non, nous sommes dans une espèce de passage... Je comprends maintenant. NOUS VOILÀ À L'INTÉRIEUR MÊME DE LA TOUR... lui réponds-tu. Oui, je crois qu'il nous suffit de descendre en bas et nous pourrons sortir.

— Non, je ne crois pas que ce soit aussi facile. Regardez! s'exclame Jean-Christophe en leur montrant un squelette couché par terre. Dans sa main, il semble tenir quelque chose : ON DIRAIT UN MESSAGE...»

Avec précaution, tu te penches vers lui pour prendre le bout de papier. La main du squelette tombe soudainement en poussière. Sur la feuille jaunie par le temps est gribouillée votre destinée : *«Cet escalier ne mène nulle part, j'ai descendu et redescendu les marches pendant des années sans*

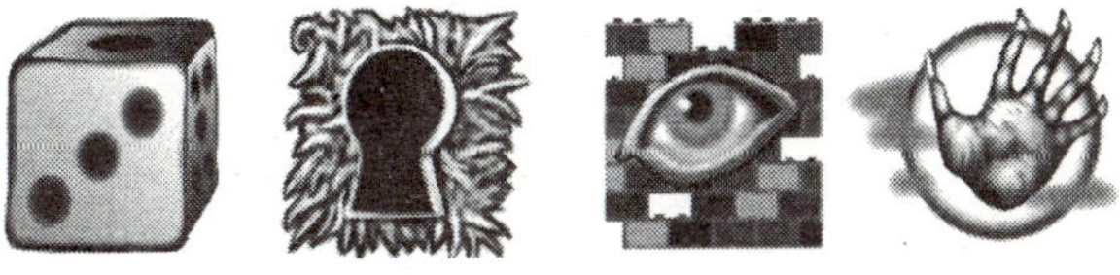

arriver à sortir de cette tour maudite. C'est un escalier qui ne mène nulle part, C'EST UN ESCALIER PERPÉTUEL ! Il n'a pas de fin...»

ÉCHEC ET MAT! Pour vous, c'est la...

FIN

42

Dans le cimetière, des ombres inquiétantes passent en voltigeant. S'agit-il de chauves-souris ou de fantômes? Aussi, des bruits effrayants de cliquetis de chaînes semblent venir de tous les côtés. Vous devez sortir d'ici au plus vite. Mais pour ce faire, tu dois trouver sur cette image l'issue cachée par une vieille

planche à roulettes.

Si tu réussis à trouver la planche à roulettes, sauve-toi au numéro 56.

Mais si, par malheur, tu ne la trouves pas, va-t'en au numéro 65.

42

Comme c'est étrange!!! Plus vous vous enfoncez dans le chemin boisé, plus le ciel s'assombrit. En contournant avec mille précautions la bordure d'une falaise et après une longue marche dans le dédale de la forêt, tu aperçois, entre les arbres tordus et desséchés, des pierres tombales. La petite marionnette vous a conduits directement au CIMETIÈRE DES JOUETS! Hostile et lugubre, il semble vous ouvrir ses bras osseux afin de vous accueillir.

Tu fais quelques pas en avant, puis OUPS! Tu t'arrêtes de bouger lorsque tes yeux tombent sur une multitude de petites silhouettes errant entre les sépultures. C'est un attroupement de grosses araignées à tête d'ourson en peluche qui se disputent la carcasse d'un rat mort. Tout près de vous, un horrible petit camion se mue en serpent et se tortille entre les rebuts qui couvrent le sol. Tous

d'effrayants petits monstres-mutants.

Arrivée dans un cul-de-sac, la petite marionnette s'arrête, se tourne vers vous et dans un roulement de tonnerre, se transforme elle aussi sous vos yeux ahuris en une espèce de pieuvre poilue dégoûtante, EN MUTANT-GAROU... La voilà qui tend sa multitude de tentacules dans votre direction! Vous faites volte-face vers la sortie, où vous êtes attendus par une meute de poupées-vampires assoiffées de sang... DE VOTRE SANG!

Pris au piège entre les tentacules visqueux du mutant-garou et les canines pointues des poupées-vampires, vous n'avez plus le choix.

*Afin de savoir si ces terrifiants jouets vont vous attraper, tu dois :**TOURNER LES PAGES DU DESTIN.***

Si la chance est avec vous et que vous avez réussi à fuir, courez jusqu'au numéro 69.

Si, par malheur, les monstres vous ont attrapés, la fin probable de votre aventure se trouve au numéro 57.

44

Avec un rire des plus cruels, les quatre poupées-garous déchaînées se jettent sur vous. Assaillis brutalement, vous basculez dans l'inconscience.

Plus tard, lorsque tu te réveilles, tu te rends compte

que la confrontation avec les quatre poupées-garous n'était pas qu'un mauvais rêve. Capturés tous les trois, vous avez été conduits ici, en plein coeur du cimetière de jouets. Elles vous ont enfermés dans une sorte de prison entièrement construite à partir... DE PETITS BLOCS DE CONSTRUCTION EN PLASTIQUE TÉGO.

«C'est ridicule! Si elles pensent nous retenir dans cette prison de blocs de plastique, lance Marjorie, en tapotant les murs. Donnez-moi quelques minutes et je vais vous démonter tout cela...

— Vas-y! s'exclame son frère, plutôt tourmenté, qu'est-ce que tu attends? Commence par ce mur-ci.»

Sans attendre, elle se met au travail. Très habile avec ce genre de petits blocs de construction, elle désassemble tout un mur en un tour de main. «Voilà! le tour est joué...»

Maintenant, en te passant la tête dans le trou béant, tu dois vérifier si la voie est libre. Rends-toi au numéro 58.

45

«Maintenant, nous n'avons plus le choix, leurs fais-tu remarquer, nous devons leur faire face. Mais cette

fois-ci, par contre, nous avons ce qu'il faut pour le faire. Oui! Vous voyez ces équipements de hockey sur les étagères? Eh bien, vous allez mettre tout cela, et vite!

— QUOI, TOUT! te répètent-ils sans savoir trop pourquoi.

— ALLEZ, TOUT! jambières, casques et bâtons... ET FAITES VITE!

Jean-Christophe et Marjorie endossent *illico presto* les uniformes de hockey. «Je crois comprendre, dit tout à coup Marjorie à son frère, NOUS ALLONS FAIRE UNE PARTIE DE HOCKEY!

Oui, Marjorie a vu juste, et au lieu du sifflet de l'arbitre, c'est l'apparition des trois créatures au bout de la rangée qui annonce le début de la partie. L'illusion est presque parfaite, le parquet ciré vous renvoie les reflets de vos adversaires comme le ferait la glace d'une patinoire. Les étagères pleines de jouets remplacent les estrades grouillantes de monde ; on s'y croirait presque.

«MISE AU JEU!» lance soudainement Jean-Christophe en voyant le premier ourson-garou se jeter sur lui. Sans hésiter, il tourne sur lui-même et assène un bon coup de bâton au monstre-mutant, répandant de ce fait de la peluche partout dans les airs.

«Tenez, regardez les gars... IL NEIGE! Et nous menons la partie 1 à 0, lance-t-il fièrement pendant que sa soeur applique une dure mise en échec au deuxième monstre, qui tombe aussitôt dans les pommes...

— 2 à 0», s'empresse-t-elle d'ajouter, sourire aux lèvres.

Fou de rage, le troisième petit jouet-garou, voyant que ses deux «compères de pleine lune» ont été neutralisés, se jette sur toi, gueule ouverte et dents sorties.

GRRRRRRRR!

Tu t'élances et, d'un foudroyant lancer frappé, tu l'expédies en l'air comme une rondelle de hockey. Il retombe, inerte, à l'autre bout de l'allée. «3 à 0, la partie est terminée, et nous avons gagné.

— OOOUUUUUUUUU! fait Marjorie, en imitant la sirène de fin de match. Dommage, nous ne pourrons pas voir les reprises comme à la télé.»

Allez maintenant au numéro 52.

46

Vous descendez l'un après l'autre dans l'ouverture pour arriver dans une grande pièce entièrement construite de boîtes de jeux d'ordinateur qui, solidement entrecroisées, sont aussi solides que les briques d'une maison. Devant vous, dans un coin, vous remarquez à votre grand étonnement une fillette accroupie par terre, occupée à griffonner nerveusement dans un album à colorier. Curieusement, elle ne semble pas heureuse outre mesure de votre arrivée pourtant inespérée. POURQUOI?

Tu es pris d'une profonde tristesse quand elle vous fait part de sa mésaventure. Capturée par ses propres poupées devenues à la pleine lune des «MUTANTS-GAROUS», elle a été conduite ici, dans cette horrible PRISON faite de vieilles boîtes de jeux. Oui, prison! Car il faut appeler les choses par leur nom, vous dit-elle...

«Il faut me croire, vous ne pouvez pas fuir, ajoute-t-elle, remplie de chagrin. J'ai tout essayé : ces terrifiants jouets-garous surveillent cet endroit jour et nuit...»

Vous devez maintenant trouver une solution. Malheureusement, le conduit de ventilation est maintenant devenu inaccessible, car le plafond est maintenant hors de votre portée. Il ne reste donc plus que la porte, même si, selon les dires de la fillette, elle est très bien surveillée. Cependant, vous n'avez pas d'autre choix : c'est la seule voie possible.

Pour savoir si elle est verrouillée ou non, TOURNE LES PAGES DU DESTIN.

Si elle n'est pas verrouillée, ouvre-la et rendez-vous au numéro 79.

Si, par contre, elle est verrouillée, vous vous retrouvez enfermés au numéro 60.

47

Brusquement, quatre vélos abîmés et rongés par la rouille se pointent à l'horizon. Des fantômes de bicyclette, ou bien des bicyclettes-garous? Ça n'a pas d'importance, car elles foncent droit sur vous à une vitesse folle.

FRRRRRRRRR!

— NON! dites moi que ce sont mes yeux qui me jouent un tour, s'écrie Jean-Christophe, en avalant presque une mouchc qui passait tout près de lui.

C'est une poursuite tumultueuse. Après seulement quelques enjambées, les bicyclettes vous ont déjà rattrapés, et vous devez plonger tous les trois tête

première sur le sol afin éviter d'être mutilés par leurs monstrueuses roues garnies de clous et de lames de couteau effilées.

«Qu'allons-nous faire?» demande Marjorie, qui jette des regards affolés vers les MONSTREVÉLOS qui, au même moment, font volte-face et activent leur pédalier d'un roulement saccadé.

CRRRRRR!

Couché sur le ventre, tu fais quelques tonneaux afin d'éviter d'être renversé par un de ces MONSTREVÉLOS qui, à ta grande satisfaction, terminent leur course dans un des cratères en ébullition qui abondent dans le dépotoir. Pendant que celui-là s'engouffre graduellement dans les tourbillons acides du petit volcan, les trois autres se préparent à vous porter l'assaut final.

C'est loin d'être terminé... Vite, cherchez le numéro 59.

48

Tu ouvres tes yeux tout bouffis. À ton grand étonnement, tu te retrouves maintenant dans ton lit. «Mais qu'est-ce que cela veut dire? te demandes-tu en secouant la tête. TOUT CELA N'ÉTAIT QU'UN MAUVAIS RÊVE? Ça semblait pourtant si réel...»

À la fenêtre, le soleil dans ce ciel sans nuage te fait grimacer. Il fait si beau. Dehors, ton père s'affaire à laver sa voiture, les voisins s'occupent de leur jardin, tout semble parfaitement normal. Alors, toute cette histoire de jouets-garous n'était... QU'UN VILAIN CAUCHEMAR?

J'ai peine à y croire, te dis-tu en te dirigeant vers la cuisine. «Maman, j'ai une de ces faims ce matin, lances-tu à ta mère ; cette nuit, j'ai fait un

cauchemar épouvantable et...

— Tu me raconteras tout cela après le déjeuner, t'arrête-t-elle. Alors, ce matin, tu les prends comment tes piles? Ordinaires ou alcalines, te demande-t-elle en te présentant deux immenses piles.

— QUOI! COMMENT?, t'exclames-tu, tout hébété...

— Oui! Regarde, la tienne est presque morte, souligne-t-elle en pointant du doigt L'IMMENSE PILE QUE TU PORTES À TON VENTRE...»

Ce n'était donc pas qu'un simple cauchemar, cette histoire de jouets-garous, c'était bien réel. On t'avait bien prévenu des risques que comportait cette aventure. Mais jamais, au grand jamais, tu n'aurais pensé que l'ignoble machine des mutants-garous te transformerait... EN JOUET HUMAIN!

FIN

49

Vous rampez tous les trois dans ce tunnel de plus en plus sombre et de plus en plus étroit. Vous devez contourner des débris d'os dispersés ici et là dans le conduit; probablement les reste d'ossements d'un rat.

«Sapristi! ce que ça peut être dégoûtant... Ce passage ne me dit rien qui vaille, leur lances-tu. Je me demande s'il n'aurait pas été préférable d'affronter les squelettes.

— Affronter les squelettes! Nous aurions certainement perdu la bataille, car vois-tu, on ne peut tuer ce qui est déjà mort, et tu peux me croire, ces squelettes étaient bel et bien morts», te répond Jean-Christophe tandis que devant vous apparaît enfin la sortie.

Vous vous hâtez de quitter le conduit en sortant par le numéro 46.

Sur le qui-vive, vous marchez dans l'allée centrale. Pris d'un sentiment bizarre, tu t'arrêtes devant un comptoir. Tu as l'impression que quelqu'un ou

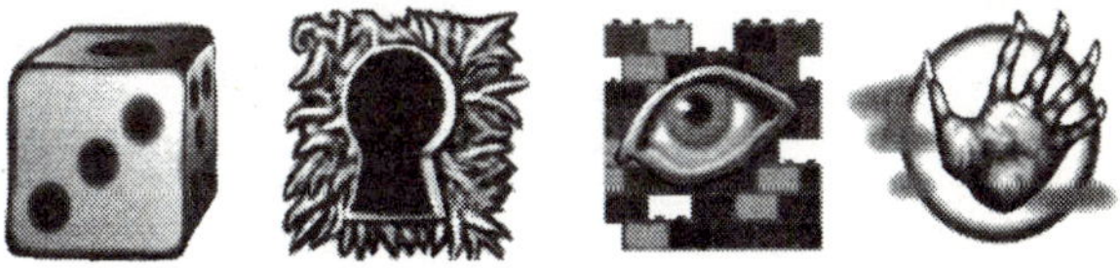

quelque chose t'observe.

Examine minutieusement cette image et ensuite, rends-toi au numéro 36.

51

Confiants d'avoir fait le bon choix, vous gravissez une à une les marches de l'immense puzzle de blocs. Arrivés en haut, vous vous préparez à emboîter le dernier morceau, certains qu'il s'agit de la pièce manquante.

«Poussez-la, elle va s'insérer parfaitement, vous verrez», leur dis-tu, sûr de toi. Mais sans résultat. Après cet essai infructueux, un doute s'installe en toi. «POUSSEZ! POUSSEZ PLUS FORT!» leur répètes-tu, exaspéré. Mais c'est inutile: après plusieurs tentatives, il faut vous rendre à l'évidence : CE N'EST PAS LA BONNE PIÈCE!

Il est dorénavant trop tard pour aller en chercher une autre, car déjà les ignobles squelettes du poster montent lentement les marches du puzzle. Très lentement, car ils savent bien que vous ne pouvez plus fuir... ET QU'ILS VOUS TIENNENT !

Quelques mois plus tard, les autorités ferment définitivement le magasin JOUET-O-SAURE, prétextant qu'il est hanté par des créatures étranges et dangereuses. Certaines personnes auraient même aperçu TROIS FANTÔMES rôder dans les alentours du magasin... LES SOIRS DE PLEINE LUNE. De qui peut-il bien s'agir?

FIN

52

Par précaution, vous marchez côte à côte jusqu'où se trouve le bureau de l'administration du magasin. Un ruisseau de gouache multicolore et corrosive serpente entre les boîtes renversées sur le plancher. Accidentellement, tu poses le bout du pied dans le liquide dégueulasse. La réaction est immédiate : la moitié de ton espadrille disparaît, dissoute par le virulent liquide.

SH-H-H-H-H!

En ouvrant la porte du bureau, vous êtes aussitôt saisis par une odeur putride et une scène des plus cauchemardesques. En effet, dans un coin, près d'un pupitre, se trouve une pile de vieux os...

«C'est horrible, mais qu'est-ce qui s'est passé ici?» demande Jean-Christophe, horrifié par cet atroce décor.

Sur le pupitre, il y a une photo : c'est celle du gérant parmi ce qui semble être des jouets. Elle est très sale, tellement que tu dois essuyer la vitre avec le revers de ton chandail pour voir quelque chose.

«DES MONSTRES! REGARDEZ, CE SONT TOUS DES MONSTRES... leur cries-tu en leur montrant la photo. Le gérant du magasin est entouré de petits monstres-mutants assoiffés de sang. Nous avions raison, c'est d'ici que proviennent tous les jouets-garous...»

Vous décidez de sortir de cet endroit sordide au plus vite.

Deux possibilités s'offrent à vous : au numéro 50, par une vieille porte en bois à moitié pourrie, ou au numéro 62 par une autre porte qu'un léger courant d'air vient curieusement d'entrouvrir. Mais au fait, est-ce bien le vent qui a ouvert celle-ci?

53

Votre fuite vous conduit dans l'obscurité croissante du petit boisé. À peine avez-vous fait quelques pas dans cette forêt lugubre que vous êtes encerclés par les poupées-garous qui avaient prévu votre manoeuvre.

«J'espère qu'on peut discuter en adultes», lance innocemment Marjorie.

La réponse vient sans se faire attendre. L'une d'entre elles, une espèce de monstre composé d'une grosse tête de poupée métamorphosée en scorpion, crache un jet de liquide lumineux qui tranche d'un seul coup un des bouleaux tout près de toi, qui s'écrase aussitôt.

SCRICHHH! BRAAAAAM!

Euphoriques à la vue de l'arbre abattu, les quatre poupées-garous gambadent tout autour.

Vous en profitez pour fuir en vous agrippant aux branches d'un grand chêne afin de sauter par-dessus ses racines tortueuses.

Vous vous mettez à courir éperdument dans la partie la plus ténébreuse de la forêt. Tout à coup, vous perdez subitement l'équilibre et vous tombez, tous les trois, DANS UN GOUFFRE! Un gouffre que personne n'avait vu.

«AAAAAAHHHH!» Et vous tombez, tombez...

Quelle ironie! Ce trou sans fond va-t-il mettre fin à ton aventure?

Rends-toi au numéro 63.

54

Le soir venu, dans ta chambre...

«Regardez! leur cries-tu en brandissant une petite poupée toute maigrichonne. Ma soeur nous a prêté celle-ci pour notre expérience. Si jamais elle se transforme en poupée-garou, elle est si petite que nous pourrons la capturer assez facilement.

— Excellent! Mais fais vite, le soleil se couche, s'exclame Marjorie, le nez collé à la fenêtre.

— Je vais mettre la poupée sur le bureau juste en

face de la fenêtre, tiens, précises-tu, de cette façon nous pourrons la surveiller sans la perdre un instant de vue, et là... BOOUUUU! cries-tu en prenant par surprise Marjorie qui regardait toujours dehors.

— OOUUUAAH!... ESPÈCE DE NOUILLE, gronde-t-elle, j'ai failli avaler ma gomme "balloune" et m'étouffer. Ne fais plus cela.

— Ça n'arriverait pas si tu ne prenais qu'une gomme à la fois au lieu de mâcher tout le paquet d'un seul coup, lui répond son frère Jean-Christophe.

— Tu peux bien parler, toi, réplique t-elle, avec la collection d'emballages de sacs de chips qui jonchent le plancher de ta chambre, on dirait un tapis de cellophane...

— TAISEZ-VOUS! leur lances-tu alors qu'un incroyable truc vient de se produire. Dites-moi que mes yeux me trompent... LA POUPÉE N'EST PLUS SUR LE BUREAU!»

Va au numéro 9.

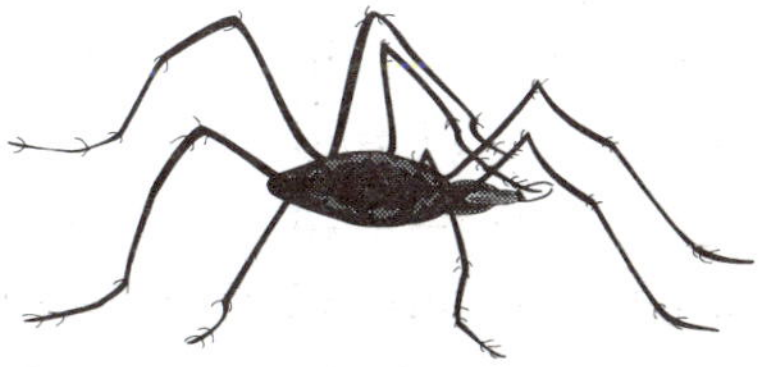

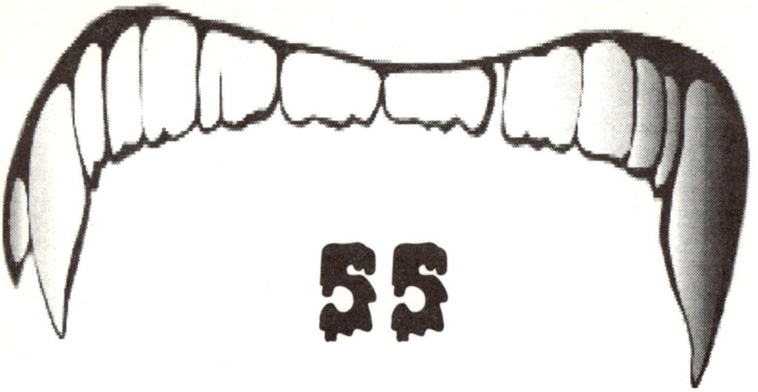

55

Les hurlements des gens attaqués par les jouets maléfiques s'estompent au fur et à mesure que vous approchez du parc, puis ils se taisent enfin. Ont-ils réussi à fuir ou sont-ils malheureusement tombés dans les griffes de ces monstres assoiffés de sang?

Assis tous les trois sur un banc du parc, vous tentez de reprendre votre souffle. La brise soulève ta chevelure et la lune baigne de ses rayons verdâtres le brouillard qui enveloppe les arbres. Brusquement, des bruits de pas raclent le sol. Surgissant de l'obscurité, une poupée-monstre à deux têtes se lance sur vous, accompagnée d'un cortège de petits camions de plastique... Ils ouvrent leur calandre transformée en bouche gourmande. Ce sont d'ignobles buveurs de sang....

DES CAMIONS-VAMPIRES!

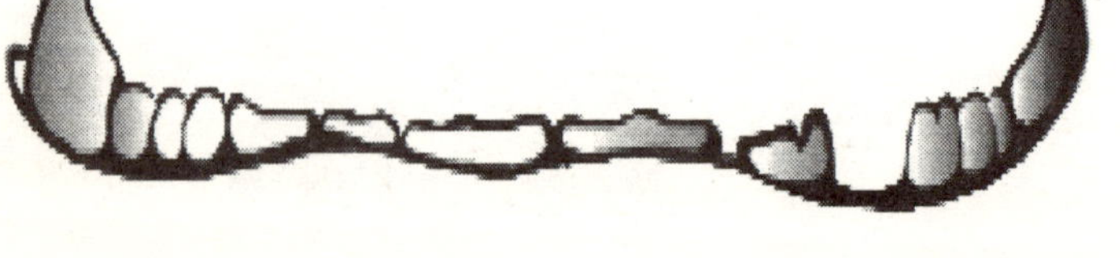

Réussiront-ils à vous attraper? Pour le savoir, TOURNE LES PAGES DU DESTIN.

Si vous avez réussi à fuir, courez jusqu'au numéro 77.

Mais si, par malchance, ils vous ont attrapé, esquisse un signe de croix et rends-toi au numéro 86.

56

Très heureux de pouvoir enfin quitter cet endroit répugnant, vous empruntez le passage exigu en rampant sur le ventre. Tu ne discernes aucune lumière à l'autre bout, et ça ne te plaît pas. Quelques mètres plus loin, vous arrivez à un embranchement. Des sons bizarres proviennent de l'allée gauche.

«PAR LA DROITE! PAR LA DROITE!» s'écrie Marjorie, apeurée par les bruits qui se rapprochent.

Par mesure de prudence, vous empruntez celui de droite. À un autre croisement, un large tunnel éclairé par de mystérieuses petites pierres reluisantes se dessine devant vous. Derrière, des bruits de pas qui se rapprochent très vite se font entendre et vous poussent à emprunter le large tunnel.

À mi-chemin, dans la pénombre, vous arrivez face à face avec une étrange petite silhouette blanche et nébuleuse qui sautille. «UN JOUET-FANTÔME qui vient nous hanter?» murmures-tu. NON! c'est Pythagore, votre petit chien. Il vous a suivis depuis le début. WOUF WOUF!

«Bon chien», lui dis-tu en le caressant. Et comme vous le savez, les chiens réussissent toujours à retrouver leur chemin.

Eh bien oui, grâce à Pythagore, vous êtes de retour à la maison en peu de temps. Mais le cauchemar continuera tant et aussi longtemps que tu ne résoudras pas le mystère de *La pleine lune des mutants-garous...*

Alors retourne au numéro 5, et bonne chasse aux monstres...

57

Peur du noir et peur du soir
Fais des cauchemars jusqu'au matin
Cri de terreur et trempé de sueur
Ton aventure est arrivée à sa... FIN

58

De l'autre côté du mur, deux minuscules robots à piles, illuminés de lumières multicolores, font les cent pas et semblent monter la garde à la porte de cette curieuse prison de blocs.

«DEUX JOUETS-GAROUS? répète Jean-Christophe. Ont-ils l'air dangereux?» demande-t-il, soucieux.

En apercevant ta tête au travers du trou béant de la structure, les deux monstres-robots tirent une salve de leur petit pistolet laser. La déflagration est telle qu'elle crée une ouverture sur le mur opposé.

«Est-ce que ça répond à ta question? demandes-tu à Jean-Christophe en te relevant après avoir été jeté par terre par l'explosion.

— VOILÀ NOTRE SORTIE! leur montres-tu, VITE!»

À l'extérieur, l'orage prévu par la météo obscurcit encore plus cette soirée d'enfer. Des senteurs de chair en décomposition planent jusqu'à vos narines (BEUARK!) Votre fuite vous a conduits sans que vous le sachiez.... AU CIMETIÈRE DE JOUETS!

Un rat passe soudain entre les jambes de Jean-Christophe, qui lance un cri de mort en se pinçant le nez (AAAAHHHH!) Ce n'est pas compliqué, lorsque ça sent mauvais comme ça, cela veut dire qu'il y a d'autres jouets-garous dans le coin...

Sur vos gardes, vous marchez jusqu'au numéro 64.

59

«Venez avec moi, leur dis-tu ; j'ai une idée, dangereuse, je dois en convenir, mais nous n'avons plus le choix.»

Même si tu crois que ta ruse semble vouée à l'échec, vous vous dirigez tout de même vers un énorme cylindre de béton comme on en trouve sur les chantiers de construction, en prenant soin bien sûr d'attirer les vélos-garous dans son ouverture. Après l'avoir escaladé vivement, vous vous assoyez sur le rebord de la bouche d'où s'écoule une rivière de gélatine informe. Vous attendez tel que prévu l'instant propice où les bicyclettes émergeront du passage ; vous vous laisserez alors tomber sur elles à la façon des cow-boys dans un rodéo.

«Et si cette cascade audacieuse réussit, que devrons-nous faire une fois assis sur ces vélos-

garous? demande Jean-Christophe; ils pourraient nous emporter dans les pires recoins de ce cimetière ; je n'aime pas cela du tout...»

Un frisson te parcourt le dos et t'empêche de lui répondre. LES TROIS VÉLOS-GAROUS ENTRENT DANS L'EMBOUCHURE DU GROS TUYAU!

«Les voici! SAUTEZ! leur cries-tu.»

BANG! vous tombez tous les trois miraculeusement sur les bicyclettes qui vrombissent de rage en vous emportant à toute vitesse **FRRRRR!** Comble de malheur, arrivés à la croisée des sentiers, les vélos-garous prennent des directions différentes. Il vous est impossible de leur faire rebrousser chemin, leur guidon semble bloqué. Implacablement, le tien t'emporte dans les abîmes du cimetière de jouets, et en plus, tu te retrouves maintenant seul...

Pendant des heures, tu roules et roules assis sur ce vélo démoniaque qui te conduit au numéro 70.

60

La porte est malheureusement verrouillée. À travers son épaisse cloison de carton, vous ne pouvez qu'entendre les grognements et les cris des jouets-monstres de la pleine lune.

Enfermés dans cette curieuse prison faite de boîtes de jeux, vous êtes condamnés, comme la fillette, à colorier, colorier et colorier pour l'éternité...

FIN

61

C'était de la pâte à modeler, vous n'aviez pas remarqué? Comme c'est dommage... POUR VOUS!

Oui, la pâte à modeler a bougé, mais il y a pire... elle bouge encore.

Toute dégoulinante, elle sort de sa boîte et, sans crier gare, se jette sur toi avant que tu puisses fuir. Pour mieux coller à ta peau, elle se tortille fébrilement. Subitement, en s'étirant, elle s'enroule à ton cou. Même si tu serres les dents de toutes tes forces, la pâte à modeler-parasite réussit à s'infiltrer quand même dans ta bouche jusque dans ton estomac. Pour toi, c'est la...

FIN

62

À peine avez vous mis les pieds dans le couloir que vous êtes pris en chasse par une nuée de «faux dentiers» en plastique, tu sais ceux qu'on porte afin de ressembler à un vampire. Cette multitude de jouets devenus de petits monstres assoiffés de sang se jettent violemment sur vous, comme une nuée de chauves-souris démentielles.

«N-O-N! J'ai un de ces affreux dentiers qui me mordille le jean, hurle Marjorie, le visage tout grimaçant de douleur.

— ENLÈVE-LE VITE! lui cries-tu, sa morsure est certainement empoisonnée!»

Mais c'est trop tard, Marjorie se retrouve tassée dans un coin, cernée...

ILS VONT LA DÉVORER VIVANTE! crie son frère, lui-même entouré de plusieurs de ces dentiers de vampire qui le survolent comme des mouches noires.

— Je pense connaître la façon de nous sortir de ce guêpier», lui cries-tu. Sans attendre, tu attrapes un pot de gouache rouge, que tu lances aussitôt à l'autre bout du corridor, où il s'écrase en éclaboussant tout le plancher.

Croyant apercevoir une délicieuse flaque de sang vermillon, la nuée assoiffée se précipite sur la marre

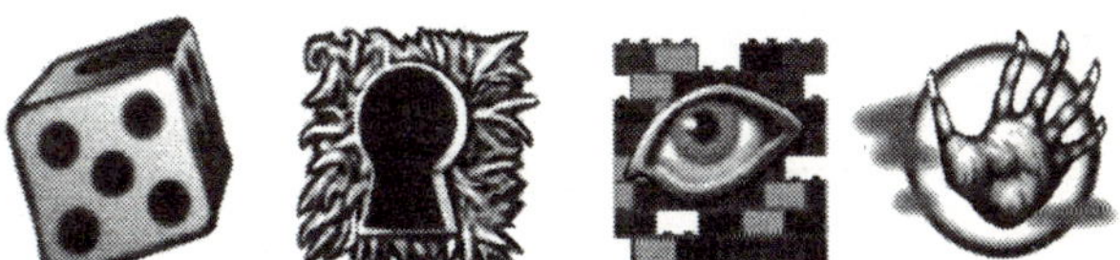

de gouache sans se douter de la supercherie. *Profitant de ce sursis, vous allez vous mettre à l'abri dans la salle des employés au numéro 74.*

«ATTENDEZ-MOI! vous crie Marjorie, j'ai encore cette saleté de dentier de vampire collée à mon JEAN...»

63

Vous apercevez enfin dans l'ombre la fin du gouffre. Mais vous n'allez pas mourir écrabouillés sur un sol couvert de pieux acérés, car votre chute est amortie... PAR DES CENTAINES DE TOUTOUS EN PELUCHE !

POUF! POUF! POUF!

«Qu'est-ce que c'est que tout cela? TOUT CELA? TOUT CELA? TOUT CELA? demande Jean-Christophe, alors que les parois de la grotte dans laquelle vous vous retrouvez vous renvoient l'écho de sa voix. Des jouets en peluche? Il doit bien en avoir des milliers, milliers, milliers...»

La nausée te tord le ventre.

«NOUS SOMMES TOMBÉS SUR LE CIMETIÈRE DES JOUETS! JOUETS! JOUETS !» ajoute-t-il en cherchant une façon de sortir de cet antre sinistre. À droite, il y a une embouchure.

Vous dégringolez l'immense tas de jouets jusqu'au sol. Tandis que vous avancez, le silence est soudainement brisé par des petits bruits secs et répétitifs. **POP! POP! POP!**

«AÏE! Je crois qu'une chauve-souris est passée tout près de moi, hurle Marjorie.

— NON! Regardez sur les murs! reprend Jean-Christophe. Ils sont couverts de pistolets à fléchettes et à ventouses empoisonnées. Une seule vous colle à la peau, et c'est la fin...»

Tu tournes la tête, et au même moment, **POP!** l'une d'elles réussit à t'arracher ta casquette. Prudemment, vous zigzaguez pour éviter ces jouets meurtriers. Vous arrivez de justesse, sains et saufs, à la sortie de ce cruel tunnel qui débouche sur une étrange et vaste caverne.

Allez maintenant au numéro 73.

64

Plus loin, les silhouettes lugubres d'arbres tortueux se découpent sur le rude paysage. Ce sentier est très hasardeux. À première vue, tout semble très fragile par ici. Plusieurs arbres dénudés penchent

dangereusement vers le sol et menaçent de tomber sur vous à tout instant. Pour ajouter à cela, le martèlement de la pluie sur le sol de ce lieu abandonné crée une ambiance incroyablement funèbre. «Il faut être prudents», souligne Jean-Christophe.

Le chemin conduit à une grotte et prend soudain une direction descendante. Alors que vous dévalez à toute vitesse la pente, vous êtes tout à coup bombardés du haut des airs par un escadron d'avions-jouets qui larguent sur vos têtes une pluie de piles de jouets explosives.

Tout droit, à quelques mètres de vous, une de ces piles heurte le sol et explose, créant ainsi un gigantesque cratère. Allez-vous voir cet obstacle avant de vous y engouffrer? Pour le savoir, TOURNE LES PAGES DU DESTIN.

Si tu ne l'as pas vu, rends-toi au numéro 72.
Mais si, par chance, tu l'as aperçu, cherche le numéro 76.

65

Troublés par le fait que vous n'avez pas réussi à trouver le passage secret qui aurait pu vous conduire à l'extérieur du cimetière de jouets, vous errez désespérément parmi les restes de milliers de jouets brisés et en décomposition au travers desquelles s'agitent une myriade d'insectes et de vers.

Un répugnant petit camion-fantôme pourvu de tentacules à la place des roues vous force à vous cacher derrière un amoncellement de toutous en peluche démembrés et pourris. Le jouet maléfique passe tout près de vous sans même remarquer votre présence.

«Non mais, vous avez vu ce monstre?» demande Marjorie, les mains glacées de peur.

Un grondement se fait soudainement entendre. Comme si un orage se préparait, sauf que dans le ciel il n'y a aucun nuage...

DE QUOI PEUT-IL BIEN S'AGIR? Trouve le numéro 80.

La malchance a voulu vous faire perdre cette bataille. À partir de cette nuit, trois autres fantômes hanteront désormais le cimetière des jouets : Marjorie, Jean-Christophe... ET TOI!

FIN

67

Au travers du fouillis, tu remarques que de gros morceaux de puzzle ont été assemblés de manière à former un escalier. Pour réussir à fuir avec tes amis par le conduit de ventilation qui se trouve juste au-dessus, tu dois trouver, parmi les trois morceaux par terre, celui qui manque pour y accéder. Mais attention! Il n'y en a qu'un qui s'emboîte parfaitement. Alors, tombe juste, car une seule erreur... ET POUR TOI CE SERA LA FIN!

Rends-toi au numéro inscrit sur celui que tu auras choisi...

68

Lorsque tu as porté le coup fatal aux trois poupées-zombis, les avions-vampires se sont

enfuis. Autour de vous, baignant dans une brume poisseuse, il ne reste que quelques dégoûtantes larves assoiffées de sang qui rampent sur le sol.

«LA FÊTE EST FINIE! PARTONS... hurle Marjorie. Je ne veux pas me faire chatouiller les mollets par ces dégoûtantes bestioles!» Après avoir dévalé la pente, vous arrivez à un chemin conduisant enfin aux abords de ce trop dangereux cimetière.

«Ça me pique partout depuis que ce vers est entré dans mon jean, vous confie Jean-Christophe, qui contemple au loin une petite falaise de roche escarpée et éclairée par les premiers rayons rassurants de l'aube.

— NOUS SOMMES SAUVÉS! leur cries-tu, en te dirigeant vers une chaîne de petites collines qui contourne la ville. REGARDEZ LÀ-BAS! Les grands bâtiments, on dirait une école...

Je connais cette école! s'exclame Jean-Christophe. Allons-y, nous y serons en sécurité, c'est l'école SAINT-MACABRE!»

FIN

69

Voyant que vous vous apprêtez à fuir, la petite marionnette-garou, furieuse, vous crache une boule de feu qui roule rapidement et dangereusement en suivant vos pas.

Vous courez sans tourner la tête. La chaleur du feu se fait sentir.

«ÇA COMMENCE À CHAUFFER! s'écrie Marjorie. Cette grosse boule incandescente est sur le point de l'écraser. Il faut trouver une solution et vite.

— À GAUCHE! lui cries-tu en te précipitant en direction d'un tunnel qui semble traverser de part en part le cimetière. Il faut sortir par là...»

Une fois à l'abri à l'intérieur du tunnel, tout s'obscurcit autour de vous. La sphère enflammée s'écrase sur les parois extérieures et bloque l'entrée : IMPOSSIBLE DE RESSORTIR. Ses flammes vacillantes éclairent le sombre couloir. Vous êtes entourés par un enchevêtrement d'épées de plastique qui sont cependant aussi effilées que des lames de rasoir.

«NOUS NE SORTIRONS JAMAIS D'ICI! constate Jean-Christophe en criant son

mécontentement. Comment allons-nous faire pour passer ce labyrinthe d'épées-jouets TRANCHANTES?»

À pas mesurés, vous vous frayez un chemin tant bien que mal jusqu'au numéro 71, où vous arrivez avec seulement quelques égratignures.

70

Il se fait tard. Un regard à ta montre, et tu constates qu'elle s'est arrêtée à 2 h 14, au beau milieu de la nuit. Probablement à cause des turbulences. Toujours assis sur cette bicyclette monstrueuse, tu te diriges maintenant dans la partie la plus infecte du cimetière. En effet, la saleté qui recouvre le sol est telle qu'on dirait un tapis de bactéries grouillantes parsemé d'énormes pustules prêtes à éclater comme sur le dos d'un crapaud.

Le vélo passe tout près d'une de ces vésicules qui explose **POUF!** et vaporise aussitôt sur ton jean bleu un liquide virulent. Tu sens soudainement le picotement du pus, qui ronge peu à peu tes vêtements. «Ça y est, c'est ici que l'aventure se termine pour moi», te dis-tu, résigné à ton sort.

Au loin, les premières lueurs de l'aube font leur apparition. Dans un ultime effort, tu tires le guidon pour diriger la bicyclette vers le haut d'une butte afin de capter les premiers rayons du soleil. Tu es à peine arrivé au sommet que le soleil baigne de sa clarté le MONSTREVÉLO qui s'arrête enfin. Les bactéries qui recouvraient ton corps frémissent et disparaissent en fumée.

Ouf! tu l'as échappé belle... Mais comment vas-tu rentrer chez toi maintenant? EN VÉLO, naturellement! Avec le soleil qui se lève et la pleine lune qui s'est éclipsée, il est redevenu une simple et inoffensive bicyclette...

FIN

71

«OUF! Il s'en est fallu de peu, souffles-tu à tes amis, que tu aperçois à peine tellement il fait noir. Nous savons tout maintenant ; non seulement avons-nous confirmé que les jouets-garous existent vraiment, mais nous avons aussi réussi à trouver le cimetière des jouets. Il ne nous reste plus qu'à nous rendre au poste de police avec toutes ces preuves.

Nous pourrions aussi aller voir les gens de la télé, ça serait un scoop extraordinaire...»

Mais pour cela, vous devez tout d'abord sortir d'ici. La seule sortie possible semble être une espèce de large tuyau qui a l'air de mener hors du cimetière. Il vous faudra passer par ce conduit et vous laisser glisser jusqu'au bassin qui se trouve plus bas ; une descente qui vous rappellera les glissades d'eau.

Arrivés tous les trois dans le bassin en question, vous vous apercevez assez rapidement qu'il n'y a aucune sortie possible. OUI! ce qui semblait être une sortie n'est malheureusement qu'une IMPASSE...

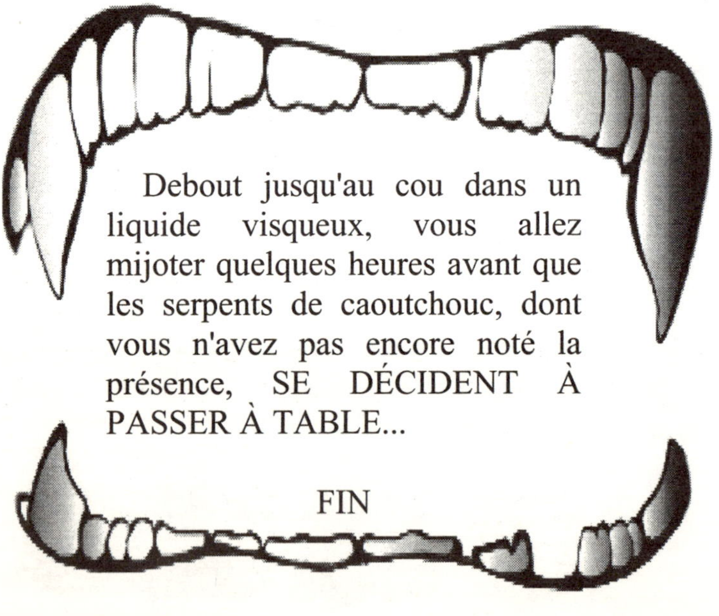

Debout jusqu'au cou dans un liquide visqueux, vous allez mijoter quelques heures avant que les serpents de caoutchouc, dont vous n'avez pas encore noté la présence, SE DÉCIDENT À PASSER À TABLE...

FIN

72

Mais quelle déveine ! Ni toi ni tes amis ne l'avez aperçu.

Sans vous en rendre compte, vous tombez dans ce trou qui s'avère aussi profond et sombre que le néant. VOUS TOMBEZ ET VOUS TOMBEZ... Sans jamais atteindre le fond, pour l'éternité, dans l'abîme des MUTANTS-GAROUS...

FIN

73

L'entrée de cette caverne sépulcrale ressemble à une bouche énorme, à cause des dents en stalactites et stalagmites qui décorent deux immenses mâchoires de granit. En vous y engouffrant, vous avez la drôle d'impression de marcher sur des chips. Plissant les yeux pour scruter la pénombre, tu constates que le sol est complètement recouvert d'ossements desséchés et d'insectes. Comme tu peux

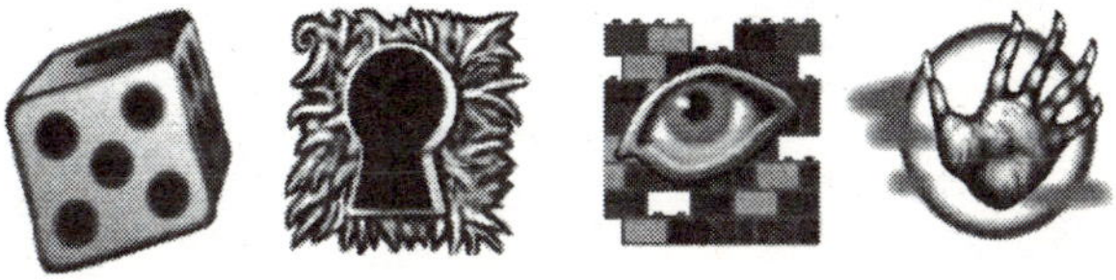

le voir, vous n'êtes pas les premiers à avoir mis les pieds ici. À en juger par ces vieux os secs, personne n'en est ressorti...

Un cri terrifiant résonne.

YAAAAARRHHHH!

Au milieu de la caverne, devant vos yeux ahuris, se dresse un immense monstre constitué de toutes les sortes de jouets pêle-mêle. C'est le monarque des mutants-garous. Il porte à son cou un collier de têtes de poupées qui lui confère un air des plus cruels. Tu sais maintenant qu'en détruisant le maître tu anéantiras du même coup la malédiction qui frappe tous les autres jouets. Ça pourrait être la fin de ce cauchemar... OU LA TIENNE! Car, vois-tu, une simple chiquenaude de ses mains répugnantes et tu rejoindrais les autres ossements qui lui servent de tapis.

Contre ce monstre, la partie est loin d'être gagnée. Et c'est justement de cela dont il s'agit maintenant, d'une partie... de dés.

Tu dois TOURNER LES PAGES DU DESTIN deux fois. La première fois pour le chef des jouets-garous, et la deuxième, pour toi.

Si ton coup de dé est supérieur à celui du monstre, poursuis le combat au numéro 87.

Mais si ton coup de dé est inférieur à celui du monstre, quelle malchance! Cela veut dire qu'il t'a vaincu. Tu dois alors te rendre au numéro 78.

74

Même si ça presse, vous inspectez rapidement la pièce avant d'y entrer : il n'y a pas âme qui vive. «Entrons nous cacher ici, dit Jean-Christophe en s'enfonçant confortablement dans un des grands fauteuils afin de reprendre son souffle.

— ET...ET M-M-MOI! bégaie Marjorie en sautillant sur une jambe sur le seuil de la porte, exhibant avec répugnance son jean sur lequel est toujours accroché l'horrible dentier de vampire en plastique.

— IDIOTE! ENLÈVE TON PANTALON ET JETTE-LE DANS LE CORRIDOR... lui ordonnes-tu. VITE! »

Après s'être exécutée promptement, elle referme la porte. Soulagée, elle sourit jusqu'à ce qu'elle se rende compte qu'elle se retrouve devant vous... en sous-vêtements!

«HA! HA! Un petit caleçon avec des motifs de COCO LE CLOWN, lui lances-tu pour te moquer d'elle. TRÈS COOL!»

Soudain très embarrassée, Marjorie devient toute rouge. ROUGE comme votre sang qui aurait pu couler si tu n'avais pas trouvé cette ruse qui vous a sortis de cette mort certaine...

Il faut retourner au numéro 5 pour prendre un autre jean pour Marjorie et recommencer... La chasse aux monstres n'est pas finie!

75

De zigzags en détours, vous contournez les rangées jusqu'à l'entrée. Comme vous approchez de la porte, vous constatez avec stupeur que le cadavre de la caissière a disparu... Sur le sol, les traces de pas gluantes confirment qu'elle a été emportée. «Suivons ces traces, suggère Jean-Christophe, elles nous conduiront peut-être à leur repaire.»

Plus vous suivez les pas du monstre, et plus vous vous enfoncez dans la noirceur de la nuit qui s'approche. «Il se fait tard, nous ne pouvons pas continuer, c'est beaucoup trop risqué», affirme Marjorie. La pleine lune trône déjà bien haut dans le ciel sans nuage. Au moment où vous vous apprêtez à retourner sur vos pas, le silence menaçant est déchiré par un cri pétrifiant.

YAAAAAAAAAAA!

Au loin, dans l'obscurité, une silhouette horrifiante se découpe sur le rude paysage d'où se dégagent de

fines volutes de fumée. C'est lui, le vil monarque de tous ces monstres-jouets, il existe vraiment... Trop apeurés, vous fuyez.

Plus tard dans ta chambre, au beau milieu de la nuit, tu n'as pas encore trouvé le sommeil. Le cimetière de jouets, les mutants-garous et ce monstre à la silhouette répugnante hanteront pour toujours ta mémoire. Dorénavant, tu n'auras plus jamais besoin de dormir pour faire des CAUCHEMARS...

FIN

76

Au dernier moment, vous sautez par-dessus l'énorme gouffre fumant pour finalement atterrir de l'autre côté. Tous les trois, vous faites des tonneaux sur le sol afin d'amortir votre chute.

«BEURK! J'ai de la poussière dans la bouche, souffle Marjorie en se relevant près de l'abîme. AÏE CARAMBA! s'exclame-t-elle, les yeux agrandis de terreur. Vous avez vu ce trou? Il s'en est fallu de peu...»

Ton regard vigilant ne cesse de scruter les lieux. Vous vous trouvez maintenant dans une grotte qui semble à première vue inhabitée. Les vapeurs noirâtres qui s'échappent du gouffre commencent à s'accumuler dangereusement au plafond. Dans peu de temps, l'air deviendra irrespirable. À droite, par chance, il y a une sortie. Il vous faudra cependant jouer aux acrobates et grimper aux stalagmites pour y accéder.

Tu te retrouves au numéro 82.

77

Voulant jouer les héroïnes, Marjorie s'approche de la poupée-monstre et, d'une simple taloche, **VLAN!** expédie les deux têtes sur le sol. Le corps du monstre titube un peu puis s'écrase. Les camions-vampires ripostent et fonçent vers Marjorie, qui semble prête à leur livrer une lutte sans merci.

«ILS SONT TROP NOMBREUX! hurle son frère Jean-Christophe en lui prenant le bras pour la tirer vers la structure de la balançoire du parc. Nous n'avons aucune chance, il faut fuir...»

Vous escamotez vivement la structure de métal.

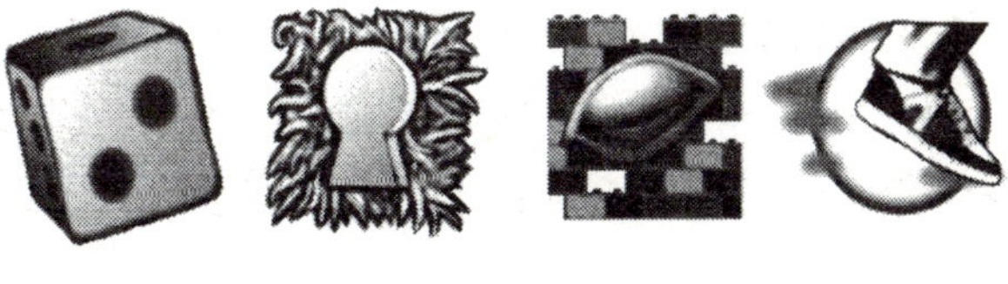

Juchés tous les trois tout en haut, vous regardez les camions-vampires rouler avec frénésie dans le sable du parc. Vous êtes à l'abri, oui, car ils ne peuvent vous atteindre. Vous n'avez d'autre choix que d'attendre que cette nuit d'horreur passe. Elle sera longue, très longue. Parfois, le silence menaçant sera ponctué de cris lancés par les jouets-garous. «Pourvu qu'aucun de ces monstres ne réussisse à nous atteindre», te dis-tu en scrutant nerveusement les environs.

Crois-tu vraiment que vous allez vous en sortir? Tu rêves en couleur, ou plutôt, tu fais un cauchemar en noir et blanc...

FIN

78

QUEL MALHEUR! Le monstre a esquivé ton assaut avec brio et, sans attendre, il riposte. Ouvrant la bouche, il crache vers toi une rivière de bave où s'agglutinent les squelettes de ses dernières victimes. Pour éviter ce liquide gluant, tu te laisses tomber à la renverse. «OUCH!» hurles-tu, étendu sur le dos. Près de toi, Marjorie, aveuglée par la peur, martèle de coups de pied le flanc du monstre constitué de petits camions, de ballons et d'autres jouets qui volent en éclats à chacun de ses coups.

Dans un coin de la grotte, la jambe prise dans un des bras de forme tentaculaire du monstre, Jean-Christophe tente de toutes ses forces de se cramponner au sol, mais sans réussir. D'un seul coup, le monstre le soulève dans les airs juste au-dessus d'un des cratères dans lequel bouillonne un ragoût putride.

Soudain, de son corps purulent surgit une meute d'asticots géants. Attirés par la chair fraîche, ces vers blanchâtres aux yeux rouges rampent en direction de leur prochain repas... TOI!

Maintenant, va à la page 83.

79

«Elle n'est pas verrouillée! leur murmures-tu, tout excité.

— ATTENDS AVANT D'OUVRIR! s'exclame Jean-Christophe en appuyant son oreille sur la porte. J'entends un drôle de ronflement... Je crois qu'il dort, profitons-en! POUAH! Quelle odeur!» reprend-t-il en ouvrant la porte.

À peine sortis, vous apercevez, assoupi tout près de la porte, le garde chargé de vous surveiller : une horrible petite marionnette-garou toute crasseuse. Une épaisse couche de moisissure recouvre ses vêtements sales et usés. Le simple fait d'être touché par une telle horreur pourrait vous donner des maladies innommables qui pourraient même se révéler mortelles. Donc, il ne faut pas qu'il se réveille...

Vous quittez sur la pointe des pieds ce lieu maudit afin de vous rendre au poste de police le plus proche.

Une fois au commissariat, l'agent de faction prend vos révélations très au sérieux et dépêche sans attendre par radio toute une escouade de policiers.

Les autos-patrouilles arrivent en trombe tous gyrophares allumés dans le parc de stationnement du magasin JOUET-O-SAURE. Malgré cette rapide intervention policière, une des bêtes monstrueuses a réussi à fuir; la plus gigantesque d'entre elles, probablement le maître de toute cette horde répugnante de créatures selon les conclusions de l'enquête. Une sorte de monstruosité constituée d'un amalgame de toutes les autres petites horreurs, qui aurait semble-t-il fui du côté du CIMETIÈRE DE JOUETS.

FIN

84

Une nuée menaçante apparaît soudainement, DES DIZAINES D'AVIONS EN PLASTIQUE... qui se mettent à vous survoler en tournoyant comme pour signaler votre présence aux autres jouets-garous.

«C'EST UNE ESCADRILLE D'AVIONS-VAMPIRES!» hurle Marjorie en se jetant par terre pour éviter d'être mordue par l'une d'elles, qui volait en rase-mottes. Couchée face contre terre, elle se

relève la tête pour se rendre compte que vous faites face maintenant à trois répugnantes poupées-zombis affamées de chair humaine... Un combat féroce va s'engager. Les dés décideront de l'issue de cette bataille.

Tu dois maintenant TOURNER LES PAGES DU DESTIN deux fois. La première fois pour les poupées-zombies, et la deuxième, pour toi.

Si ton coup de dé est supérieur à celui des poupées, poursuis ton aventure au numéro 84.
Mais si ton coup de dé est inférieur au leur, quelle malchance, elles t'ont vaincu. Tu dois alors te rendre au numéro 66.

81

Tu ne peux retenir un cri de terreur à la vue du monstre qui s'apprête à bouffer ton amie Marjorie, qui se débat en vain. Pendant que tu cherches un moyen d'anéantir ce monstre des ténèbres, une langue fourchue jaillit soudainement de son torse pustuleux et s'enroule autour du cou de Jean-Christophe, qui perd connaissance.

Lentement, l'organe purulent de vers et de pus le ramène à une immense pustule, où il sera ingurgité d'un seul coup.

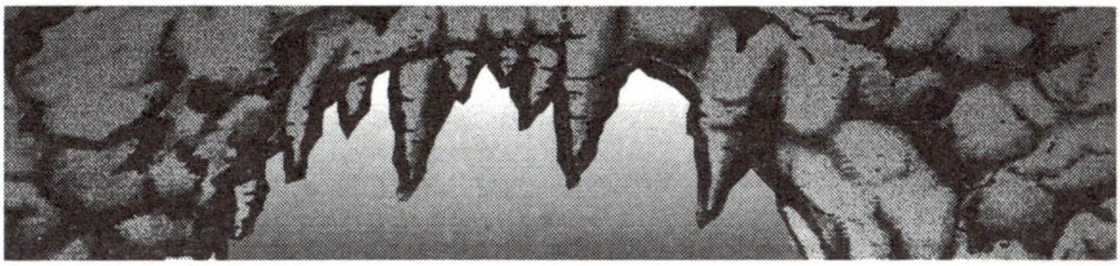

Tout en haut, descendant de la paroi de la grotte, se trouve peut-être votre chance ultime de détruire ce monstre et du même coup d'en sortir vivants : une STALACTITE! «Si je pouvais l'atteindre avec une pierre, songes-tu, elle tomberait en plein sur la répugnante créature... Il est maintenant temps de lui porter le coup fatal.»

Encore une fois les dés décideront. Tu dois TOURNER LES PAGES DU DESTIN deux fois. La première fois pour le monstre, et la seconde pour toi.

Si ton coup de dé est supérieur à celui du monstre, tu as heurté la stalactite avec la pierre. Rends-toi vite au numéro 90.

Mais si, par contre, ton coup de dé est inférieur, ta destinée se trouve au numéro 83.

82

Vous êtes maintenant dans la dernière partie de ce cauchemar, car au bout de ce tunnel d'une centaine de mètres, tu peux apercevoir les étoiles qui scintillent. À la fois si proches et si loin...

Prudemment, Jean-Christophe étudie le couloir...

«Mauvaise nouvelle, les amis! lance-t-il en pointant du doigt les parois du passage. (Celles-ci sont constellées de pistolets à eau pointés dangereusement sur vous.) Et d'après les ossements qui jonchent le sol, précise-t-il en faisant sursauter de peur Marjorie, ce n'est pas de l'eau qu'ils contiennent, mais bien un liquide corrosif. QU'ALLONS-NOUS FAIRE?»

Que vous choisissiez de terminer cette histoire asphyxiés par la vapeur nocive qui vous pourchasse depuis la caverne ou arrosés par les jets acides des revolvers de plastique, ce sera d'une façon ou d'une autre pour vous, SOYEZ EN SÛRS, LA...

FIN

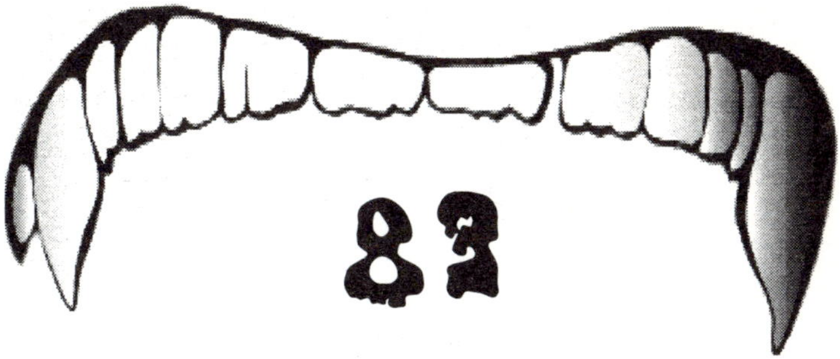

Vous comprenez maintenant que vous n'avez pas la moindre chance et que la fin est proche. Même si vous le combattez en héros, le MONSTRE-AMALGAME-DE-JOUETS vous dévore l'un après l'autre, dans cette grotte où vos squelettes tapisseront le sol pour l'éternité.

Quelques milliers d'années plus tard, lorsque la terre entière aura été conquise par les mutants-garous, les derniers survivants de la race humaine raconteront à leurs descendants la légende des Téméraires de l'horreur qui faillirent réussir à vaincre ces monstres et à changer le cours de l'histoire...

FIN

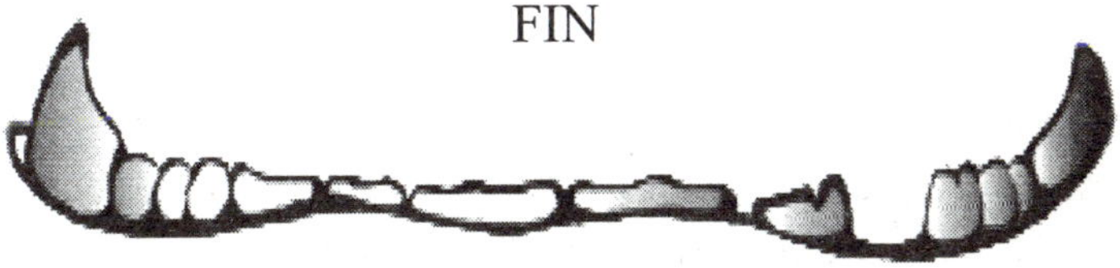

84

En évitant de justesse la morsure meurtrière d'une de ces poupées vénéneuses, tu as réussi à gagner la première manche de cette bataille. Mais ce n'est pas encore terminé... Une deuxième se porte à l'attaque ; elle crache des larves aux crocs meurtriers. L'odeur nauséabonde que dégage la troisième suffit à te faire comprendre qu'un simple toucher de cette dernière poupée pourrie pourrait te donner toutes sortes de maladies horribles.

Tu cherches une façon de fuir, mais en vain. Jean-Christophe, pétrifié, regarde sans réagir un de ces vers se promener sur son espadrille et se perdre dans son jean... «BEUARK!»

JEAN-CHRISTOPHE, REMUE-TOI! lui cries-tu en lui secouant le bras avec vigueur. Sorti de sa torpeur, il se met à danser sur une jambe pour se libérer de cet indésirable visiteur.

Encore une fois, les dés décideront de l'issue de cette bataille. Tu dois maintenant TOURNER LES PAGES DU DESTIN... deux fois. La première fois pour les poupées-zombis, et la deuxième, pour toi.

Si ton coup de dé est supérieur à celui des monstres, rends-toi au numéro 68.

Mais si ton coup de dé est inférieur à celui des mutants, quelle malchance, elles t'ont battu. Tu dois alors te rendre au numéro 66.

85

«C'est la pâte à modeler qui a bougé, murmures-tu en te retirant doucement.

— Tu ne vas pas me dire qu'il s'agit de "pâte à modeler-garou", chuchote Jean-Christophe, incrédule.

— Pâte à modeler-garou, vampire, corrosive ou zombi, peu importe, je doute qu'elle soit inoffensive.

Elle est sûrement maléfique et dangereuse. Tous ces jouets qui prennent vie et qui s'en prennent aux gens. Imaginez un monde sans jouet... C'EST COMME FAIRE UN CAUCHEMAR DANS UN AUTRE CAUCHEMAR...»

Surmontant votre dégoût, vous vous rendez au numéro 75.

86

ILS VOUS ONT ATTRAPÉS! Poussés vers le carré de sable par les camions-vampires, vous tombez dans un immense trou. Et les petits camions se mettent au travail. C'est-à-dire qu'ils remplissent le trou de sable.

«ILS VEULENT NOUS ENTERRER VIVANTS!» hurles-tu en recevant une pelletée de sable en plein sur la tête.

Vidés de votre sang par ces vampires ou rongés par les vers qui habitent le sol sablonneux du parc? Cela n'a aucune importance, car pour toi et tes amis c'est la...

FIN

87

Le coup a si bien porté qu'un des bras du monstre vole en éclats, laissant s'échapper un liquide gélatineux verdâtre du trou béant à l'épaule. De son torse constitué en majeure partie d'oursons en peluche pourris et moisis apparaît brusquement un troisième bras tentaculaire qui s'agrippe aussitôt à la jambe de Marjorie : «AAAAAAAHH!

— LÂCHE MA SOEUR, ESPÈCE DE CAUCHEMAR À TROIS PATTES!» s'écrie Jean-Christophe en prenant la première chose qui lui tombe sous la main, une pierre, qu'il lance de toutes ses forces sur le monstre sans obtenir de résultat.

L'horrible créature soulève ton amie plusieurs mètres dans les airs, au-dessus de sa bouche répugnante. Un frisson te parcourt le dos tandis qu'au sol, le bras détaché du monstre se mue sous tes yeux terrifiés en créature mi-scorpion, mi-serpent, recouverte d'une épaisse carapace.

Tu dois à tout prix faire une autre tentative. Rends-toi au numéro 81.

88

Pour réussir à quitter sains et saufs la ruelle, vous devez absolument mettre le pied sur une seule des cases de l'échiquier. Observe bien cette image et rends-toi au numéro indiqué sur celle que tu auras soigneusement choisie. ATTENTION AU FOU! Il n'attend qu'une erreur de ta part...

89

«LE TOIT!» s'écrie Jean-Christophe, en s'agrippant aussitôt à la gouttière. Même s'il sera difficile d'y accéder, il faut à tout prix y grimper pour se mettre à l'écart de ces petites bêtes sanguinaires.

Tu t'efforces coûte que coûte de le suivre. À mi-chemin, tu poses le pied sur le rebord de la fenêtre afin de reprendre ton souffle. Au même moment, un cri : «HAAAAAAA!» Ta gorge se noue. C'EST MARJORIE! En tentant de vous rejoindre, elle est tombée face à face avec l'ourson-garou, qui l'a attrapée avec son long tentacule visqueux couvert de ventouses.

«LE MONSTRE A RÉUSSI À PRENDRE TA SOEUR! hurles-tu à Jean-Christophe, qui est déjà sur le toit à l'écart du danger.

— OH NON! laisse-t-il échapper, désemparé et en pleine panique. MARJORIE! crie-t-il à sa jeune soeur, FAIS-LUI UN "GAI-FOO GUI-RI"! C'EST TA SEULE CHANCE...

— QUOI! Tu veux qu'elle lui fasse "guili-guili"? répètes-tu sans trop comprendre. Tu veux qu'elle le... CHATOUILLE?

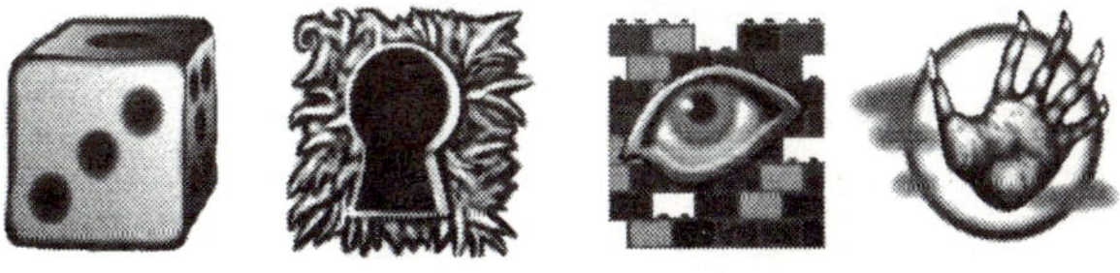

— Pas "guili-guili", "GAI-FOO GUI-RI"! C'est une technique japonaise d'auto défense que lui a appris son prof de karaté.»

Aussitôt dit, aussitôt fait! En pivotant sur elle-même, Marjorie exécute le fameux «gai-foo gui-ri». Comme prévu, ce geste la libère instantanément des griffes ou plutôt du tentacule du monstre, qui renversé par la puissance du coup, n'a d'autre choix que de fuir, la mort dans l'âme.

BIEN JOUÉ!

Tous les trois maintenant en sécurité sur le toit, vous constatez que le spectacle n'a rien de très rassurant. Tout le quartier semble être encore une fois la proie de ces mutants-garous. Dans la rue, les réverbères scintillent comme les stroboscopes d'une salle de danse. Les gens poursuivis par ces vilains jouets démoniaques courent dans tous les sens. Leurs cris, mêlés au son des sirènes des voitures de police, vous glacent le sang. Et c'est ainsi que sur le toit de ta maison, tes amis et toi passerez la nuit. Une nuit qui sera longue et loin d'être silencieuse... YAAAAAAAAAAHHH!

FIN

90

«Je n'ai jamais fait rien qui vaille au baseball, te dis-tu en visant la stalactite. Il est grand temps de prouver que je suis un très bon lanceur», penses-tu en lançant de toutes tes forces la pierre qui arrive directement sur l'objectif.

CRAAAAAC!

La stalactite oscille, se détache du plafond et vient heurter de plein fouet le monstre-jouet, qui s'écrase sur le sol dans une cascade de liquide visqueux. Maintenant à l'agonie, il laisse échapper un cri qui fait trembler les murs de la caverne.

YAAAAAAARRRGGGH!

«TOUT VA S'ÉCROULER! cries-tu à tes amis maintenant libérés de l'emprise du monstre. SUIVEZ-MOI!» Patinant sur la rivière gluante qui s'écoule de la dépouille de la créature, vous vous enfoncez juste à temps dans un tunnel. Il était temps, car à peine avez-vous mis le pied dans ce couloir que toute la caverne s'effondre, recouvrant pour toujours tous les vestiges de cet horrifiant cauchemar...

BRRRRRRRRROOOUUM!

À la sortie de la grotte, vous remarquez que la lune ne porte plus le halo verdâtre qui transformait les simples jouets en monstres démoniaques. Le ciel, lui, a retrouvé sa belle couleur bleu nuit.

BRAVO!
Tu as réussi à terminer le livre...
La pleine lune des mutants-garous.

UN MOT SUR L'AUTEUR

Dès sa plus tendre enfance, Richard Petit se passionne déjà pour les histoires d'épouvantes. À l'âge de 12 ans, il réalise un film d'horreur avec ses amis. Une cape de vampire dans le placard, un cercueil de carton dans le garage, une caisse de fausses toiles d'araignées, et la maison de campagne se transforme soudain en château lugubre. Même si tout cela n'est que du cinéma amateur, pour son entourage, cela semble beaucoup trop réel.

Même aujourd'hui, il n'a pas changé. Alors imaginez, lorsque l'occasion s'offre à lui de créer ses propres histoires, avec ses propres images, il s'en empare comme le ferait un loup-garou de sa victime, un soir de pleine lune.

Des aventures débordantes d'actions, des intrigues palpitantes qui se développent au gré de l'interaction des lecteurs et lectrices de tout âge, voilà ce que vous propose ce passionné qui a su garder son coeur d'enfant.

Richard Petit est né à Montréal, en 1958.

DANS LA MÊME COLLECTION

1. Perdu dans le manoir Raidemort
Isbn : 155225027X

2. Le prof cannibale
Isbn : 1552250288

3. La pleine lune des mutants-garous
Isbn : 1552250296

4. Le cirque du Docteur Vampire
Isbn : 155225030X

IMPRIMERIE QUÉBECOR
L'ÉCLAIREUR